名人家风丛书

『百官楷模』传家声

——马丕瑶与马氏家风

本书系2016年度国家社会科学基金重大项目“中国传统文化教育资源的开发利用研究”（项目批准号：16ZDA230）阶段性成果。

名人家风丛书

徐梓 主编

『百官楷模』传家声

——马丕瑶与马氏家风

赵凤玲 著

中原出版传媒集团
中原传媒股份公司

大象出版社
·郑州·

图书在版编目(CIP)数据

"百官楷模"传家声：马丕瑶与马氏家风 / 赵凤玲著. — 郑州：大象出版社，2022. 2
(名人家风丛书 / 徐梓主编)
ISBN 978-7-5711-0842-7

Ⅰ. ①百… Ⅱ. ①赵… Ⅲ. ①家庭道德-中国②马丕瑶-家族-史料 Ⅳ. ①B823. 1②K827=52

中国版本图书馆 CIP 数据核字(2020)第 240434 号

名人家风丛书
徐 梓 主编
"BAIGUAN KAIMO" CHUAN JIA SHENG
"百官楷模"传家声
——马丕瑶与马氏家风
赵凤玲 著

出版人 汪林中
总策划 郑强胜
责任编辑 郑强胜 连 冠
责任校对 安德华
书籍设计 王 敏

出版发行 大象出版社(郑州市郑东新区祥盛街 27 号 邮政编码 450016)
发行科 0371-63863551 总编室 0371-65597936
网 址 www.daxiang.cn
印 刷 河南瑞之光印刷股份有限公司
经 销 各地新华书店经销
开 本 890 mm×1240 mm 1/32
印 张 7.5
字 数 159 千字
版 次 2022 年 2 月第 1 版 2022 年 2 月第 1 次印刷
定 价 26.00 元

印厂地址 武陟县产业集聚区东区(詹店镇)泰安路与昌平路交叉口
邮政编码 454950 电话 0371-63956290

总　序

一个人有一个人的气质，一个国家有一个国家的性格。一个家庭在长期的延续过程中，也会形成自己独特的风气。这样一种看不见的风尚习惯、摸不着的精神风貌，以一种隐性的形态存在于特定家庭的日常生活之中，家庭成员的一举手、一投足，无不体现出这样一种习性。这就是家风。

“家风”一词，最早见于西晋著名文学家潘岳的诗中。与潘岳有“双璧”之称的夏侯湛，自恃文才超群，将《诗经》中有目无文的六篇“笙诗”补缀成篇。潘岳为与友人唱和，写作了《家风诗》。在这首诗中，作者通过歌颂祖德、称美自己的家族传统以自勉。

“家风”又称“门风”，这个词语在西晋出现并在随后流行，显然和“士族”“世族”“势族”“大族”“世家大族”成为社会上的统治力量有关。无论是以宗族为根基、以武力为特质的地方豪族，还是以官宦为标志、以文化为表征的名家大姓，他们政治上累世贵显，经济上广占土地，文化上世传家学，垄断了全社会的主要资源。除通过九品中正制和婚姻关系来维护门阀制度之外，他们还自矜门户、标树家风，用以抵御皇权和寒人的侵渔。正因为如此，两晋以后，这个词语渐次流行。从发轫之初，“家风”就往往和“门风”互用。我们可以将它理解为家庭的风气，将它看作一个家庭的传统、一个家庭的文化。

传统作为人类代代相传的行事方式，是从过去延传到现在的事物。没有经过较长时间的过滤和沉淀，就形成不了传统。在《论传统》的作者希尔斯看来，至少要持续三代人，才能成为传统。尽管世代本身的长短不一，但无论是信仰还是行动范式要成为传统，至少需要三代人的两次延传。家风作为特定家庭的传统，是该家庭长时期历史汰选、传统沉淀的结果，是一辈又一辈先人生活的结晶。在历史文献中，“家风”或与“世德”共举，或与“世业”并称，足见家风有别于时尚，而与“世”即很多年代、好几辈子紧密关联。在时间上持续的短暂性是时尚的特征，而家风则是历经延传并持久存在，或者在子孙后代身上一再出现的东西。正是在这个意义上，历史文献中提及“家风”一词，往往蕴含对传统的继承。如比比皆是的“不坠家风”“世守家风”“克绍家风”“世其家风”及“家风克嗣”等，无不体现了这一特点。

有一种观点认为，家风必须是健康的、积极向上的，否则，不能称之为家风。实际上，这只是说者的一种期许、一种渴盼，家风本身并不蕴含这样的意味。否则，“良好家风”就是毫无意义的同义反复。正如“文化”是使民族之间表现出差异性的东西，时时表现着一个民族的自我和特色一样，家风作为家庭的文化和传统，表现的也是一个家庭的气质和风习，反映出一个家庭与其他家庭的不同之处。它完全是一个中性的概念，并不必然具有正面的意义。有的家风可能是勤奋俭朴、为人忠厚、待人有礼，也有的家风可能是狡诈刻薄、游荡为非、跋扈凶横。如同一所学校、一个班级的风习我们称之为校风、班风，而校风有好坏之分，班风有高下之别，并不总是值得弘扬一样，家风同样也有不良的，并不都是传家宝。正因为如此，对家风或门风则就既有称誉，也有贬损。即便是在传统社会，被视为传家久、继世长的，也只有耕读、忠厚、清廉这样一些美好的品质。

的确，家风的特征在前现代、在乡村社会、在大家庭中表现得十分鲜明，格外生动，而在现代城市家庭中却不那么明显。但是，只要一个组织存在，就会有这个组织的文化，特别是这个组织如果有历史的厚重，有传统的积淀，就更是如此。作为家庭的文化，家风是附丽于家庭而存在的，只要有家庭，就会有家风。家风并不必然会因为农村的城市化、大家族被小家庭所取代而丧失，或者说，随着历史的演进，社会情势的变化，家风的具体内容肯定会有变化，但家风仍然会存在。在社会结构和家庭结构都发生了革命性变革的当今社会，人们感叹“家风”的荡然无存，其实是指家庭所秉持的“只耕田，只读书，自然富贵；不欠债，不健讼，何等安宁”这样一些古典原则的式微，是指“耕读两途，读可荣身耕可富；勤俭二字，勤能创业俭能盈”这样一些传统内容的沦落，是“志欲光前，惟是诗书教子；心存裕后，莫如勤俭传家”这样一些旧时理念的散淡，而不是家风本身的消逝。

此外，家风不同于家规。虽然这两个词都与家庭教育相关，但它们有着本质的差异。

家规是家庭或家族中的规矩，是家人所必须遵守的规范或法度，是父祖长辈为后代子孙所制定的立身处世、居家治生的原则和教条。它是借助尊长的权威，加之于子孙族众的又一重道德约束，有的甚至具有法律效力。它有家训、家诫、家仪、家教、家法、家约、家矩、家则、家政、家制等名义，有敬祖宗、睦宗族、教子孙、慎婚嫁、务本业、励勤奋、尚节俭等多方面的内容，是行于口头、针对性强的具体教诫，是见诸家书、目的明确的谆谆训诲，是载诸家谱、可供讽诵的文本规条。家规可以有多种分类，如：根据其表现形式，可以分为教诫活动的家规和文献形式的家规两种；根据内容，则可以分为针对一人一事、起因明确、内容具体、结果显豁的非规范性家规和针对整个人生、涉及方方面面的规范性家规。有的家规，着重家庭子弟的道德修养，教授为人处世要法；有的家规，集中居家治生，以至是祠堂、义庄、学塾等的管理规条。但无论如何，相对于家风，家规一个总的特点是有形的，是可视可见的。

一个家庭的家风有别于这个家庭世代相传的道德准则和处世方法，它是一个家庭的性格特征。虽然它一旦形成，也就成为教化的资源，对家族子弟具有熏染影响、沾溉浸濡的意义，但它是一种不必刻意教诫或传授，仅仅通过耳濡目染就能获得的精神气质，具有“润物细无声”的作用。历史文献中的“渐渍家风”，就极为生动形象地诠释了这一过程。通俗地说，我们可以把家规看作教化家人的教科书，而家风则是经由长期教化后的结果。

2014年春节期间，中央电视台的“家风”系列报道，引起了社会的热烈反响和高度认同。这一报道对于引导人们自觉省思，培植良好的家风，构建和谐的家庭关系，夯实家庭这一社会的堡垒，进而培养全社会的良风美俗，疗治现今社会的乱象，无疑具有积极的意义。正是基于这样一种用心，《寻根》杂志主编郑强胜代表大象出版社，约请我主编这套“名人家风丛书”。

第一辑十种出版之后，广受读者好评、社会欢迎。众多媒体都曾予以推荐，并入选国家新闻出版广电总局向全国青少年推荐百种优秀出版物、入选第二届中华优秀传统文化普及图书50种图书推荐目录，出版社也一印再印。受这种情势鼓舞，强胜兄按此前我们商议好的计划，不失时机地敦促我们启动了第二辑的编写工作。2016年5月18日，他给我发来了《“名人家风丛书”第二辑编写建议》，第二辑的编写工作由此启动。2018年6月，他又给我发来了《“名人家风丛书”第三辑编写建议》，第三辑的编写工作由此启动。

2016年，我作为首席专家承担了国家社会科学基金重大项目“中国传统文化教育资源的开发利用研究”（项目批准号：16ZDA230）的研究工作，本辑图书的编写也是该项目研究工作的一部分，并受到了项目的资助，王立刚居中做了大量的工作。

本辑的编写者，依然主要是我的学生，也吸纳了个别对此有热情、有研究的朋友参加。由于时间仓促，特别是水平所限，其中肯定会有这样或那样的问题，诚挚地希望读者不吝赐教，以便我们把这项工作做得更好。

北京师范大学国学经典教育研究中心 徐梓

2020年1月

目录

第一章　洪洞移民兴洹水　1

第一节　马氏溯源　3

第二节　来自洪洞移民　6

第二章　帝赐“百官楷模”　11

第一节　少小苦读磨心智　12

第二节　首登考场获功名　16

第三节　心系百姓“马青天”　21

第四节　勤政为民是楷模　30

第三章　忧国为民报国恩　41

第一节　倡西学师夷长技　42

第二节　整治鄙俗树新风　50

第三节　不遗余力禁赌博　56

第四节　广开书局敦教化　62

第五节　惩腐查办李瀚章　67

第六节　力阻和议命陨落　74

第四章 立家规培育家风 79
第一节 《约斋铭》里说人生 80
第二节 严立家规诫子孙 89
第三节 家训滋润后辈心 96
第四节 庄园文脉润人生 116

第五章 敬宗睦族振家声 135
第一节 建祠堂敬祖睦族 136
第二节 建私塾兴义学 143
第三节 建义庄行慈善 149

第六章 传家风实业救国 157
第一节 开矿办厂兴实业 159
第二节 秉父志巾帼担当 176

第七章 新式教育谱新章 181
第一节 新式书局启民智 182
第二节 倾力兴办豫学堂 185
第三节 捐资办学开民智 194

结 语 204

附　录　207

清史稿·马丕瑶传　207

马丕瑶家族大事记　211

参考书目　223

第一章

洪洞移民兴洹水

在八大古都之一、甲骨文的故乡——河南省安阳市西21公里处，有一座有数百年历史的古村落，名叫西蒋村。

西蒋村，相较于有3000多年历史的殷商古都安阳来说，实在是太不起眼。现在的西蒋村人也不清楚他们世代居住的这个豫北普通的小山村建于何时，但至少从明初开始，这里就是洪洞移民的落脚点。西蒋村与洪洞移民有着直接的关联。

现在的西蒋村，已不是豫北普通的小山村，它因一座晚清时期的官宅而名扬天下，这座官宅就是号称“中原第一官宅”的马氏庄园。

马氏庄园，是晚清头品顶戴、广东巡抚马丕瑶的府邸，从清光绪六年（1880年）开始修建，历经半个世纪才完成。如果它仅仅是一座官员的府邸，倒也没有什么稀奇，这样的府邸在中国为数不少，也没有多少值得留恋和怀念的。关键是，这不是一座简单的官员的府邸，它是晚清中国的一个缩影，在这个封闭的、奢华的府邸里，演绎了中国近代历史的诸多故事。

马氏庄园，蕴藏着丰厚的文化内涵，尤其是发生在马氏家族几代人身上的故事，深深感染着生活在当代的很多人。

在偌大的马氏庄园里，马家人留下的家训家风，让人肃然起敬。

“一门双进士，三代五英杰”，豪门马家，有太多值得我们品味的故事。

马氏庄园

第一节　马氏溯源

水有源，树有根，人有家。中国人自古以来就有尊祖敬宗的传统，姓氏是维系一个家族血脉的文化符号，更是稳定社会、维系家庭和睦昌盛的一大基因。

但是姓氏的起源又很复杂，单纯血缘传承的姓氏几千年来几乎没有，除能说清楚世袭血脉传承外，姓氏已经没有任何血缘意义上的价值，仅仅作为一种家族的文化符号起着凝聚族人的作用。

安阳马氏，自认为自己的得姓始祖是战国时期的赵国人赵奢。很多地方的《马氏宗谱》都有这样的记载："马氏，自赵奢封马服君而因以为氏。"唐人林宝撰的《元和姓纂》是这样记载的："嬴姓，伯益之后，赵王子奢封马服君，子孙氏焉。奢孙兴，赵灭徙咸阳。"[1]由此可知，中国汉

① 林宝：《元和姓纂》卷七，中华书局，2014年。

族马氏，得姓始祖是战国时期的赵国名将赵奢，因封地于马服（今河北邯郸西北）而得姓，是典型的以邑为氏者。

赵奢，赵孝成王时任相国，与当时赵国的廉颇、蔺相如地位相当。公元前270年赵奢率军在秦赵阏与之战中大败秦军，赵惠文王因此把马服一地分封给赵奢，并赐其号为“马服君”。

春秋战国时期，是中国姓氏出现的鼎盛时期，赵奢的后人以封地“马服”为氏，追赵奢为得姓始祖。由此可见，马姓最早以“马服”为姓。

秦灭六国后，赵奢后人从马服迁到陕西扶风茂陵（今陕西兴平），改“马服”姓为“马”姓，主要在陕西扶风一带繁衍，扶风就成为后世马姓郡望地。

秦汉以后，马氏很快就成为当时一个著名的望族，而且在东汉时期达到顶峰。伏波将军马援，成为光大马氏门楣的最主要人物。

马援，扶风茂陵人，东汉大将军。汉光武帝建武十一年（35年）任陇西太守，破先零羌有功，后任虎贲中郎将等。建武十七年（41年），任伏波将军，镇压西南交趾征侧、征贰造反后，被封新息侯。后在进击西北羌人、北方匈奴和乌桓、南方蛮夷及交趾等战争中建立威名。建武二十四年（48年），62岁的马援请缨南征五溪蛮，不幸病死于军中，最终以“马革裹尸”而还。[①]

正因马援建立的盖世奇功，扶风马姓成为当时著名的名门望族，扶风也成为马氏家族著名的郡望所在地。很多汉族马姓都把扶风作为郡望，认

---

① 范晔：《后汉书》卷二十四《马援列传》，中华书局，1965年。

为自己是扶风马氏的后裔。

安阳马氏也是把自己的姓氏祖先追溯到赵奢，承认自己是伏波将军马援之后。1887年，马丕瑶出任贵州按察使时，出京一路向西，途经陕西扶风时，就曾在当地寻找马氏家谱，以验证自己这一支确系扶风马氏。由此看来，安阳西蒋村马氏虽属山西移民，确属扶风马氏一支。

追本溯源，尊祖敬宗，无外乎两个目的：一是探寻自己根之所在，以示不忘祖先，继承家族传统，弘扬家族家风；二是攀附历史名人，为自己贴金。追本溯源，重要的还是传承优良家风，光大门楣。

第二节　来自洪洞移民

马氏庄园，因马丕瑶而得名。

马丕瑶在晚清的历史舞台上，占有一定的地位。他出身于普通农家，靠个人的努力考取进士；蛰居三晋大地二十余年，从一个小小的七品县令一直升到知府，因清正廉洁、一身正气，博得“马青天”之美名；从贵州按察使任上，先后荣升广西、广东巡抚。因其政绩颇佳，被光绪赐匾“百官楷模”。

“百官楷模”匾额

马丕瑶出生在安阳西蒋村，这里是他的家乡，也是马家繁衍生息的地方。

西蒋村马氏，是一个典型的移民家族。这个移民家族又和明初“洪洞大移民”有着直接的关系。

在中国很多地方，很多家族在追根溯源时都说自己是洪洞移民，自己的祖先来自山西洪洞大槐树下。我们查安阳马氏族谱以及有关学者的研究，发现这个说法并非空穴来风，的确有真实的历史记载。

西蒋村马氏，其先祖就是明初的洪洞移民。

洪洞移民是全国很多地方家族记忆里最难以忘却的历史，那些上了年纪的老人在给自己的子孙讲述家族史时，都会翻开泛黄的家族谱牒，向后人讲述那艰辛的往事。这些老人在泛黄的家谱上找不到自己的祖先来自哪里，在他们的记忆深处只有一个世代相传的标志性符号，那就是洪洞大槐树。这些移民在洪洞大槐树下集合，从那里出发，迁徙远方。当移民到达一个地方，在此定居，这个人就成为此地某姓的始迁祖。但故土难忘，他会对自己的后代一遍遍讲：我们的老家在洪洞，我们是从洪洞来的。其子孙后代，也会秉承家族传统，向后裔不断传递这样的信息：我们是洪洞移民的后代，老家在山西。现在即便不认识的同姓人相见，不管有没有血缘关系，也会说“五百年前是一家”，细细说来，也是对那段历史的记忆。

当历史的车轮进入20世纪，辛亥革命推翻了封建帝制的清王朝，建立了中华民国，一代枭雄袁世凯当选为大总统，却因心怀帝王梦想，企图恢复帝制，洪宪王朝仅存83天就消失了，但袁世凯看中了安阳这块宝地，死后葬在了安阳。今天在安阳袁林，袁世凯墓规模宏大，建筑仿明清帝陵。袁世凯选中安阳，在临死之际还一再嘱咐家人“扶柩回籍，葬吾洹上”①。很显然，他早就看中了安阳这块风水宝地、帝王之基、“王者更居之地”。

这样一块土地肥饶、地理位置优越，素有“七朝古都”之称的地方，何以在明朝初年人口凋零、土地荒芜，还要从其他地方移民来此？史书上留下了太多这方面的记载。元朝末年，由于连年水旱灾害，加之这里是元朝统治者和农民军的主战场，中原百姓或死于战乱，或举家迁徙，史籍中说元末明初，中原一带“兵革连年，道路皆榛塞，人烟断绝”②。曾经繁庶的中原大地，在元朝末年却“积骸成丘，居民鲜少”③，到了“春泥归来无栖处，赤地千里少人烟”的地步。

明朝建立后，为了尽快扭转这种局面，统治者采取大规模的移民政策，从人口繁盛的地方向中原地区移民。从洪武六年（1373年）到永乐十五年（1417年）共进行了多达十多次的移民。这十多次的大移民，基本上都是从山西迁出的。相较于中原的凋敝，山西因为没有遭受天灾人祸的破坏，人口相对比较繁盛，加之距离华北平原较近，自然就成为人口外迁的首选地。

---

① 王碧蓉：《百年袁家——袁世凯及杨氏夫人后裔百年家族史》，广西师范大学出版社，2013年。

② 《明太祖实录》卷二十九，中华书局，1977年。

③ 《明太祖实录》卷一百七十六，中华书局，1977年。

洪洞大槐树是很多移民迁走时的集中地，所以当故乡的模样在他们的脑海中变得模糊不清，他们不记得自己的故乡是哪个县，哪个村，但他们记得洪洞那棵大槐树。洪洞大槐树成为移民家乡记忆的符号。

对于移民来说，大槐树其实就是一个地理符号，并不见得所有的移民都是从这里迁出的，这一点历史学家已经注意到了，从他们的研究结果可知：明初移民，虽主要从山西迁出，但不仅仅局限在洪洞，也包括现在的晋中、晋南等地区的人口。

移民都是辛酸的，都有不情愿和迫不得已，甚至是被强迫的。谁愿意离开故土到一个陌生的地方生活？在明初移民中，有一部分人迁移到安阳，其中就有马丕瑶的祖先。至于马丕瑶的祖上从山西什么地方迁来，无人知晓，他的祖上是山西移民，他们是山西移民的后代。

从安阳马氏家谱的记载中，我们了解到，西蒋村马氏始祖在明初由山西洪洞迁至此处，当时有兄弟二人，一为《马氏东西支祠条规》所说的西蒋村始祖马清甫，一为东乡北屋村（今安阳县白璧镇北务村）的马膺甫。

明初开始，马氏就在这里定居，繁衍后代。从明初马清甫到晚清马丕瑶，马氏在西蒋村至少生活了五六百年，传了十六代。在这几百年中，由于史料缺乏，我们还没有发现马氏曾出现过什么著名人物，像很多移民那样，他们只是一个很普通的耕读人家。马丕瑶的二儿子马吉樟在给自己的生母李老夫人写的墓志铭中，追忆了自己家族的那段历史：“马氏自洪洞迁安阳五六百年，曾无与于科目之列。公起家牧令，内无奥援，外无密交，惟以廉直忠勤，劳心民事。”[1]由此可见，安阳马氏在这五六百年间，无人通过科举进入仕途，没有出过官宦，自然也就不能成为当地的达官望族，西蒋村马家属于生活在底层的普通人家，也就是自给自足的农家。

马丕瑶像

① 马吉森、马吉樟：《诰封一品夫人李夫人墓志铭》，见《马中丞遗集》，载《近代中国史料丛刊》（沈云龙主编），文海出版社，1966年。

第二章 帝赐“百官楷模”

1862年，而立之年的马丕瑶科考得中，成为同治朝壬戌科进士。

一个农家子弟，凭借自己的不懈努力，中进士，入仕途，在当时这是轰动朝野的大新闻。在安阳、在西蒋村，这更是数百年不遇的奇闻。

马丕瑶从一个农家子弟一步跃入官场，成为众人羡慕的人物，这也预示着平民马家有机会步入官宦豪门之列，或可成为名震一方的显赫家族。

1862年，马丕瑶踏上了仕途的第一站——山西太原，开始实现他赤诚报国、一心为民的理想。没有任何政治背景、家庭背景的马丕瑶，在山西一待就是二十多年，从小小的知县一步步做到知州，又到山西布政使。

在山西为官时，他经历了晚清的两大事件：社会大动荡——太平军北伐；晚清大灾荒——“丁戊奇荒”。马丕瑶经受住了考验，并做出了彪炳史册的伟绩，他因此获得了“马青天”的称号，并被朝廷树立为“百官楷模”。

第一节　少小苦读磨心智

道光十一年（1831年）正月初四，在河南安阳西蒋村一个农民家庭里，一个新生命诞生了，这就是后来大名鼎鼎的广东巡抚马丕瑶。

当时的马家，还只是一个很普通的山村农民家庭。尽管从明初移民至此已经有五六百年，但马家一直没有发迹，过的是比较普通的农民生活，“耕织”一直是马家的立家之本。

我们从马丕瑶墓志铭中了解到，从马丕瑶的高祖父马斌，到曾祖马关元、祖父马苞，再到父亲马天平，马家虽然不是西蒋村富户，但生活基本无忧，属于自给自足的普通人家。马丕瑶的妻子是安阳县处士李吉兆的女儿，如果马家是贫寒之家，李吉兆作为当地有名的绅士也不会把女儿嫁入这样的家庭。可以说在马丕瑶入仕之前，马家基本上过着普通的农家生活，除了秉承祖训男耕女织，还兼营小生意，以弥补家用不足。

在中国传统家庭里，基本温饱问题解决之后，有眼光的家庭还是在力所能及的情况下，让孩子读书，希望他们有朝一日能考取功名。在当时的社会，科举考试是改变一个家庭唯一的机会，尤其是出身低微的家庭，更是如此。

有地位和有财力的家庭，孩子四五岁时就要进入私塾接受启蒙教育，进而为以后的科考做准备。马丕瑶直到11岁才进入本村的学堂接受启蒙教育，可见当时的马家日子过得并不富裕。

私塾教育类似我们现在的幼儿园、学前班教育，也只是读一些启蒙读物，如《三字经》《百家姓》《神童诗》之类，并初步接触一些汉字。马丕瑶很珍惜学习的机会，白天他在私塾学习，放学回家帮助父母干些力所能及的农活，以减轻家庭重担。在本村学堂他学习很努力，较为系统地接受了儒家启蒙教育。

道光二十七年（1847年），16岁的马丕瑶已有一定的旧学功底，亦能写出一些诗句。他的志向也在一些诗句中表露出来，如他游历佛光寺时，曾作《游佛光寺见某禅师书一笔勾词感而作此》：

也不学道学模样，也不学名士风流，只愿学耕莘夫钓渭叟。运筹帷幄张子房，鞠躬尽瘁武乡侯，将圣主扶持。群雄扫荡，苍生拯救，做一个旋乾转坤手，然后归隐山丘，放怀诗酒，平生志愿方可酬。怎能把天地民物一笔勾，怎能把天地民物一笔勾。[①]

在这些诗句中，我们可以感受到年轻马丕瑶的志向，不学道学家的泛泛而谈，也不学风流名士的潇洒人生，而是要学习张良、诸葛亮，鞠躬尽瘁、

① 马丕瑶：《游佛光寺见某禅师书一笔勾词感而作此》，见《马中丞遗集》。

死而后已，把自己的一生奉献给国家、社会，做一个拯救苍生的英雄豪杰，做一个扭转乾坤的贤臣良将，如此这般，可以归隐山林，平生志愿方可酬。

咸丰元年（1851年），20岁的马丕瑶开始为科考做准备。科举考试不同于启蒙，除了熟读儒家典籍，还要熟悉科举考试的规则，否则想一朝中举，成为天子门生，光宗耀祖，绝非易事。清代的科举共分三个层级，即乡试、会试和殿试，层层选拔，最后才可能高中。

乡试就是由南、北直隶和各布政使司举行的地方考试，乡试考中的称举人。并不是谁都可以参加乡试的，参加乡试的人必须是生员。想成为生员，只有进入学院，才有可能入监学习或成为科举生员。清代凡经过本省各级考试进入府、州、县学的，通称生员，俗称秀才。考取生员，是功名的起点。

马丕瑶要取得乡试资格，他得拜访名师，进入高一级的学堂学习。为此20岁时他从西蒋村学堂转到麻水学馆，拜当地大儒郑芸笥为师。

郑芸笥，安阳当地有名的绅士，曾中举，取得了进京参加会试的资格，可惜未能考中，后回到家乡，一边继续备考，一边开馆收徒。他有举人的身份，是当地很有名望的文化人，在人们的心目中有较高的地位。马丕瑶跟随郑举人学习，获益匪浅，这些为他日后参加科考奠定了基础。

在跟随郑芸笥学习的同时，马丕瑶在老师的引荐下，结识了当时著名的大儒倭仁和李棠阶。倭仁的父亲是八旗驻开封的中下级军官。倭仁早年基本上是在开封度过的，中进士后在京城为官。他在京城的活动圈子基本上是河南同乡，他与当时的理学家李棠阶等成立“正学会”，定期举行会课，交流理学研究心得。和倭仁、李棠阶这些晚清理学大师的交往、问学，无疑对马丕瑶的儒学修养有极大的帮助，也更坚定了他一心醉学、考取功名的决心。

科举考试，是当时士子的最重要任务。但在中进士之前，马丕瑶已到了谈婚论嫁的年龄。在媒人说客的撮合下，本县处士李吉兆的千金嫁入马家，成为马丕瑶的结发妻子。洞房花烛、金榜题名是人生的两大喜事，马丕瑶在二十四五岁时喜结连理，完成了人生的第一步。

成家立业，娶妻生子，马丕瑶不得不面对家庭的生活压力。在此后的几年里，除了辛苦持家，马丕瑶不改读书科举的初衷，继续跟随郑芸笥学习。1857年，其长子马吉森出生。1858年他终于学有所成，一举考中，成为举人。次年，日后光大马家门楣的次子马吉樟出生，更让马家充满了喜庆。这一切吉兆，似乎预示着马家即将发迹。

第二节　首登考场获功名

1862年，是不寻常的一年。翻阅历史可知，1840年以后，中国有很多大事发生，而且每一件都是关乎大清朝廷命运的。

1861年7月，身心疲惫的咸丰帝在热河行宫一病不起，生命垂危，而此时的咸丰帝才只有31岁。8月，咸丰帝一命呜呼。

咸丰帝死了，大清不能没有皇帝，在“顾命八大臣”的拥戴下，咸丰帝唯一的继承人、只有6岁的儿子载淳在热河登基，第二年，改元同治。这就是后来的同治皇帝。

年仅6岁的同治皇帝只不过是一个傀儡，朝政大权掌握在“顾命八大臣”手里，宫内则是两宫太后垂帘听政，也可以说清廷朝政开始逐步转移到慈禧太后手里。而在朝外，太平天国的战火正在燃烧，同时帝国主义列强更是虎视眈眈觊觎着大清，内忧外患，侵蚀着大清朝本来就已病快快的躯体。作为当政者，急需一场变革、一场春风来化解矛盾，振兴国家。

也就是在这种情况下，引人注目的壬戌科进士考试开始了。

已经是举人身份的马丕瑶赶上了这场大考，1862年新年刚过，马丕瑶就收拾行装，告别家人，进京赶考。

进京赶考，马丕瑶非常激动，在离家北上考试前，他做了一首诗表达自己的心情。

同治壬戌正月十二日公车北上前一夕枕上作①

疴养三年强自支，春来旧疾幸痊伊。
功名不羡人争早，民物难忘己任迟。
射策敢云先国士，请缨端的是男儿。
倘邀一旦风云会，好展丹忱步凤池。

三年才举行一次的进士科考试，让各地进京的举人们既兴奋又紧张。这是关系到个人政治命运的考试，一旦高中，自己和家族的政治命运即会改变，自己就会加官晋爵，登上人生的顶峰。

同治元年三月初七（1862年4月5日），壬戌科进士考试正式开始。三千举子在礼部贡院开始会试考试。头场考“四书”题，头题“此谓唯仁人为能爱人，能恶人”，二题“子曰谁能出不由户，何莫由斯道也”，三题“乐民之乐者，民亦乐其乐；忧民之忧者，民亦忧其忧；乐亦天下，忧亦天下”，诗题“千门万户皆春声”。此后还有“五经”题。由此看来，进士考试绝非易事，即便在平时把这些考题一气呵成地做下来，也非易事，

① 马丕瑶：《同治壬戌正月十二日公车北上前一夕枕上作》，见《马中丞遗集》。

更何况在这么短的时间内，如果读书不多，阅历不广，见解不深，考出好成绩几乎不可能。

马丕瑶的“四书”题、“五经”题考得如何，我们无法见到，最近人们发现了马丕瑶会试时的诗题原文，真是难得。从这首诗我们可以了解到马丕瑶当时的识见。

赋得千门万户皆春声[1]

阳律歈皆应，传声到晓莺。
千门看迤逦，万户听分明。
庇厦消寒早，迁乔送响清。
地原图可就，风若假之鸣。
气象三霄敞，宫商一派生。
玉笙新按谱，银榜旧题名。
泰宇开长乐，元音协太平。
宜春卑李咏，帝陛奏咸英。

诗题“千门万户皆春声”，出自唐朝大诗人李白诗作《侍从宜春苑奉诏赋龙池柳色初青听新莺百啭歌》中“春风卷入碧云去，千门万户皆春声”。此诗是李白于天宝二年（743年）在长安奉诏创作的一首应制诗。这首诗的主旨在诗题中概括得简洁清楚，诗人先写龙池柳色，次写新莺百啭，再写皇帝春游，而后听莺鸣啭，只剩宜春苑藏而未露，是留为最后莺

① 马丕瑶的“会试朱卷”五言八韵试帖诗，2012年南阳皇粮国税博物馆建成征集田赋史料时从民间征得，现存南阳皇粮国税博物馆。

绕林苑扣题作结，即意题圆成。

马丕瑶得“莺”韵入诗，丝丝入扣，层层相生，旋萦递进，如行云流水，自然晓畅，诗意衔接细密，最后点睛之笔“帝陛奏咸英”扣题作结，歌颂盛世太平，朝廷功德。因此，考官批注“端庄流利，台阁风裁”，展现出马丕瑶深厚的文学修养和艺术天赋。

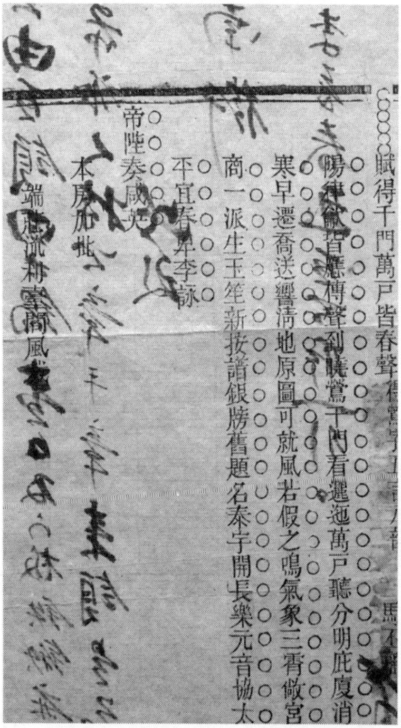

马丕瑶的试帖诗，现藏于南阳皇粮国税博物馆

皇天不负有心人，没有任何政治背景和家庭背景的寒门士子马丕瑶最终考取了进士。数十年寒窗苦读终于换得金榜题名，尽管是第二甲第二十名，但毕竟还是考中了，这是多少士子梦寐以求的啊。

考取进士，意味着踏入仕途，从此可以施展自己的抱负，为国家、为百姓奉献自己的一切。

很快，任命书就下来了，马丕瑶作为候补知县分到了山西。

第三节　心系百姓“马青天”

从京城返回安阳西蒋村，马丕瑶的心情是轻松愉悦的，他这才有机会和心情饱览华北大平原的景色。此时，已经是五六月天，华北大平原的小麦已到了收获的季节，一眼望去，遍地金黄。

马丕瑶考取进士的消息早已千里快递传到了安阳，成了人们街头巷尾议论的头条新闻。西蒋村马家更是热闹非凡，上上下下道贺的人络绎不绝，全家沉浸在幸福和喜悦之中。他们不敢懈怠，打扫庭院，布置居室，天天在村口期盼马丕瑶的荣归。

北京到安阳，虽说只有五百多公里，但在那个时代，也需要数天才能返回。当马丕瑶回到安阳、回到西蒋村时，人们敲锣打鼓，夹道欢迎这位给家乡带来无限荣耀的新科进士。

“安车郧右迎，光贲蒲津前。士民抃手颂，喜亲仁渊渊。”[1]这就是当时马丕瑶回到家乡时的真实场景。

同治元年（1862年）夏天，马丕瑶告别亲人，只带几个随从，远赴山西太原履职。

从安阳到太原，要翻山越岭，历尽艰辛。马丕瑶不敢怠慢，和随从一起连续赶路十余日，这才到了太原府，听候差遣。

马丕瑶虽然高中进士，但所授官职是候补知县，也就是说必须在太原府等候，如果哪个县知县有缺，他才能补任。候补知县，是一个尴尬的职位，有名无实，等于闲职。

好在时任山西巡抚的郑敦谨识人，他与马丕瑶一番深谈后，深为马丕瑶的见识所折服，与其让马丕瑶赋闲，无所事事，还不如让他进入巡抚衙门，做自己的参谋和智囊，史书上说郑敦谨“一见器之，辟置幕府”。[2]

候补官员，一向被人瞧不起，尽管马丕瑶成为巡抚郑敦谨的幕僚，但还是被人瞧不起，受到巡抚衙门一些官员的嘲笑。

有一次，幕府一位官员开马丕瑶的玩笑，说：“马知县，你的衙门在哪里呢？候补知县，要候到什么时候？名义上是授了官职，其实一点儿用处也没有，辛苦了这么多年，还像我们一样做个幕僚，滑稽啊。”

对于同僚的冷嘲热讽，马丕瑶很是生气，他严肃地对同僚说：“每一个人的任职不可能一模一样，朝廷还没有任用，你怎么就知道不被重

---

① 马丕瑶：《怀芸笥诗》，见《马中丞遗集》。

② 马吉森、马吉樟：《国史本传》，见《马中丞遗集》。

用呢？”面对挫折，他不怨天尤人，不消极对待，静静等待着机会。他坚信：是金子，总会发光的。

清代山西巡抚衙门

谁知这一等就是四年。

同治五年（1866年），机会终于来了。山西平陆县知县任职期满外调，平陆知县位缺。山西巡抚郑敦谨向朝廷进言，希望马丕瑶能接任平陆知县。郑敦谨的奏折上报朝廷，很快朝廷批复下来，授马丕瑶为平陆县知县。

接到任命函以后，马丕瑶告别山西巡抚郑敦谨，带着几个随从，一路南下，来到晋南小县平陆。

平陆地处秦、晋、豫交界处的黄河三角地带，北靠中条山与运城盆地相依，南临黄河与河南省三门峡相望，东接洛阳，西与芮城县为邻，地理位置十分重要。

马丕瑶下车伊始，顾不上车马劳顿，就开始深入平陆，了解当地的风土人情，梳理县衙积累的各种冤狱，调解民众的各种矛盾。四年的巡抚幕僚生活，为马丕瑶积累了很多为政经验，尤其重要的是他从巡抚郑敦谨身上学到了勤政为民、克己奉公的优良品德。郑敦谨被人们称为“郑青天”，马丕瑶决心向郑敦谨看齐，做一个百姓拥戴的好官、清官。

在平陆的几年时间里，马丕瑶还真的践行了一个清官、良吏的品德和操守。办公之余，他常走街串巷与百姓交谈，了解百姓疾苦。不管是贫穷百姓还是地方士绅，不管是一方乡贤还是一般民众，马丕瑶从不因身份的不同、地位的差异而区别对待。平陆百姓从马丕瑶身上似乎看到了一个不一样的官员，期待着他能为百姓谋事，维护一方安宁，让人们过上安居乐业的生活。

为了维护地方秩序，马丕瑶亲自审理两起积压的案件，并且是公平公正快速地解决了问题，这提高了他在平陆的威望，也为他赢得了“马青天”的清誉。

第一件是当地发生的一起杀人案，这个案子很长时间没有告破，民间议论纷纷。马丕瑶接手此案后，认真调查研究，走访当地百姓。有一天一位邮差告诉马丕瑶，他有充分的证据认为是当地某人所为。马丕瑶马上将此人传唤，在人证、物证面前，此人不得不招供，案情大白于天下。

第二件是一起盗窃案。平陆某村村民告官，说有一伙强盗洗劫了此村。此案情形严重，搞得人心惶惶。虽经努力，但此案一直未破。后来邻县破获一起盗窃案，马丕瑶听说后，认为此案有可能和平陆的案件有关，就修书给邻县知县，希望把案犯押送平陆审理。但是邻县知县拒绝了马丕瑶的要求。为了迅速破案，马丕瑶让当地一个无赖故意犯事进入监牢充当卧底，此人在监牢中和这帮盗窃犯混得很熟以后，他们不小心泄露了在平陆作案的七个盗窃犯的姓名和盗窃事实。了解了这帮盗窃犯的情况后，马丕瑶立马派衙役前往捉拿，不管这批人身匿河南渑池，还是隐藏在河南登封，统统被通缉捉拿。此案的告破，在平陆影响很大，人们从新任知县马丕瑶的身上，看到了一个肯为百姓做事的官员的形象。

乡村社会的和谐，很多时候是亲族之间的和谐。民间社会的稳定，很大程度上依赖于家族亲人的和睦相处。但在现实社会中，家族之间的争讼还是时有发生，因为财产、家庭纠纷等诉诸公堂，这一点在马丕瑶看来有失伦理，和儒家强调的道德伦理格格不入。在马丕瑶的观念中，礼教失范是社会紊乱、道德滑坡的关键，如何扭转这种局面呢？他认为严刑苛法是一方面，伦理教化才是最重要的，它比严刑苛法的效果要好得多。公堂上可以解决纷争，但亲情也就没有了，不利于社会、家庭的和谐和睦。所以在审理家庭纠纷时，马丕瑶绝不使用杖刑，而是从伦理、亲情等方面加以劝说，马丕瑶说："民之失教久矣，吾宛转开说，动其天也；不予杖，全其亲也。"[1]马丕瑶注重亲情、慎用刑具的做法，感动了平陆百姓，人们也从内心感激马丕瑶，一时当地风气为之大变，凡是家族内的纠纷，都尽量私下解决，很少有人再到县衙打官司，他们不愿意为此事打扰马丕瑶。

① 马吉森、马吉樟：《马公神道碑铭》，见《马中丞遗集》。

吴敬梓在《儒林外史》中有过一段这样的描述：在清代官场上，贪渎成风，有“三年清知府，十万雪花银”之说。马丕瑶深知官场的腐败，但他耻于和这些腐败官员为伍。他一到平陆，就在衙门的大堂上挂出一副对联：

不爱钱，不徇情，我这里空空洞洞；

凭国法，凭天理，你何须曲曲弯弯。

他以此联时时提醒自己，也在告知有求于他的人：我是一个不徇私情不爱钱的人，想从我这里用金钱打通关节，让我做金钱的俘虏，是万万不能的。我办事只讲国法，只凭天理，没有那么多龌龊勾当。马丕瑶的政明风清的刚正气度，深深感染着平陆百姓，也深深影响着马家人，成为马家人遵行的家风。

在他平陆县知县任上，还有一件事在当地影响甚大。作为知县的马丕瑶不畏淫威，站在百姓的立场上，处处维护百姓的利益，使一场一触即发的危机化险为夷。马丕瑶不卑不亢、为民请命的大无畏精神深深感动了平陆百姓。

1867年，捻军张宗禹部准备进攻陕西，打算在黄河南岸渡过黄河向山西进发。而平陆和黄河对岸的三门峡仅一河之隔，平陆也紧张了起来，从各地调来士兵，加强河防。作为知县的马丕瑶一刻也不敢大意，日夜巡防，稳定县城秩序，安抚逃到平陆的百姓。各路清军和逃亡百姓一起涌入平陆，给当地的社会治安带来了极大的麻烦。

有一天，过路的清军目无军纪，嚣张跋扈，胡作非为。见到店铺，进去拿了东西就走，店家不依，双方发生激烈冲突。清兵手拿兵器，准备行凶，一下激起民愤，平陆县城的百姓群情激愤，双方对峙，形势紧迫。而清军首领又袒护部下，民愤汹汹，马上就要发生流血事件。有人将此事赶快报告给马丕瑶，马丕瑶闻讯，大惊失色，他赶快面见清军首领，阐明利害。清军首领迫于无奈，只得交出肇事清兵五人，斩之了事。此事平息后，平陆百姓一起涌到县衙，跪谢这位为民请命的清官。

同治七年（1868年），在平陆知县任上干了两年的马丕瑶收到一纸调令，他被调到了永济县（今永济市）任知县。两年的平陆知县生涯让马丕瑶和平陆百姓结下了深厚的感情，在他离开平陆时，百姓一街两行，夹道欢送。马丕瑶来平陆时，一辆马车，几担行李，数名随从，离开时，依然如此。在贪渎成风的晚清官场上，马丕瑶的廉洁勤政，扭转不了时局，改变不了官场风气，但赢得了民心。

永济县，位于晋西南，地处晋、陕、豫三省交界，西临黄河，清时属蒲州。马丕瑶调到永济，依然坚持一个清官、廉吏的本色。从巡抚幕僚到平陆知县，马丕瑶洞悉了官场上的各种腐败。他不能改变现实，但能严格要求自己，出淤泥而不染，保持一份清廉。他曾对自己的儿子说："人之投我所好者，必有所为而来。"[①]看得多么明白，所以马丕瑶对有求于自己的人始终保持十万分的警惕。

马丕瑶刚到永济，一天，当地一名地方小吏悄悄拜会马丕瑶，想给他接风洗尘。结交新任知县，该名小吏其实是有所企图，马丕瑶怎能不知，他坚决拒绝。此人看此计不成，并不罢休，他四处打听马丕瑶有什么爱

---

① 马吉森、马吉樟：《马公神道碑铭》，见《马中丞遗集》。

好。有人告诉他这位大老爷喜欢养花，尤其喜欢养莳花。莳花是一种花期短受季节影响的观赏性花卉，特别适合盆栽，鲜花盛开时，清香扑鼻，怡悦心灵。花也非常漂亮，古代文人墨客、官宦居家多有盆养。为了巴结马丕瑶，此人就偷偷买了数盆莳花，送到马丕瑶的官邸。马丕瑶知道此事后，非常警惕，马上派人暗访此人。调查结果表明此人是一个贪吏。他官位不高，贪污的数目却很惊人，是一个真正的“小吏大贪”。马丕瑶毫不留情，很快铲除了这一毒瘤，贪官得到了应有的惩罚。

在永济，马丕瑶了解到当地有一个叫过村的小村落，人口不过百户，但此村有一半人都是以偷盗为生，长期以来官府不作为，加重了过村的偷盗风气，附近村庄以及邻县民怨沸腾，百姓对官府十分不满。据史料记载：过村位于临晋（今临猗县）、荣河（今万荣县）、猗氏（今临猗县）、虞乡（今永济市）四县接壤处，每年麦收秋收后，过村村民携带家眷和牛、驴分赴四境，以算卦、说媒、看病为名，或者拜干亲、结兄弟，趁人不备，则偷窃粮食、衣服满载而归，河东一带称其为“草色客”，数百里百姓不得安宁。

马丕瑶在走村串乡、了解风土人情的过程中，对百姓口中的盗村过村的情况有所了解，他下决心解决这一困扰百姓多年的社会问题。经过仔细周密的侦查，他发现过村之所以有这么多人以盗窃为生，其实就是那么几个首领在起关键作用，如果一举拿下他们，问题就会迎刃而解。经过周密布置，在一个雨雪天，马丕瑶调集衙役和兵丁包围过村，一举生擒主要盗匪。对于胁从者，马丕瑶劝其改行为善，并改过村名为“迁善村”。此后，永济风气大变，地方治安得以治理。

最让永济百姓感激马丕瑶的还是他解决了上源头、夏阳两村对黄河滩地的争斗。上源头和夏阳这两个村庄，背靠中条山，面朝黄河，田地交错相属。上源头村处南，夏阳村处北。在大粮地以西各有护岸地，以东各有沙地，上源头名为“鸡心滩”，夏阳村名为“夹沙滩”。据记载，乾隆十四年（1749年），上源头、独头、常旺、匼河四村与陕西朝县和华县居民，为了争控鸡心滩，斗得不可开交。后经山西和陕西两省巡抚勘丈划分，定为秦四晋六，但夏阳村不予。夹沙滩定为秦三晋七——这是夏阳村与朝邑县的划分，而上源头也不予。到了道光十八年（1838年），上源头和夏阳两村开始以黄河滩界构讼。当时县令许锦春丈量分滩，定为乙山辛向，照驿路老石畔为界，与东边磨盘二石三山相照。争讼暂时平息，相安十余年。然而当时所立界石掩埋地中，“下有凭据而上无标记”。后来界石不知何时被何人挪动，种种疑团未能解开。延至咸丰初年，诉讼再起。历任知县未能勘治，“案悬未定”。而两村蜗角般相持不已，“械斗率以为常”。滩地之利没有得到，反而狱讼繁兴，村穷民困。

马丕瑶上任后，亲自勘察，在一眼泉水中找到了很久以前的界石，这才平息了这两个地方的百年争斗。马丕瑶深恐“依样葫芦日久，或石畔埋没地中再为挪动，不足以绝讼源”，于是就在驿路东大粮地内东石涯根栽一石桩，刻下“乙山酉向，东西定界”八个字。

不论在平陆，还是在永济，马丕瑶兢兢业业，一心为民，赢得了百姓的拥戴，人们称他为“马青天”。在中国古代，只有廉洁奉公、一心为民的官员才会有如此的清誉。

第四节　勤政为民是楷模

同治十年（1871年），马丕瑶的父亲马天平在永济去世。按照当时的规定，作为官员，不论职级多高，父母一旦去世，必须辞去官职，在家守孝三年，此为“丁忧”。

按照清朝律令，官员到某地上任时，一般要携带家属，以便照料自己的生活。如果家有双亲，一般情况下原配妻子留在老家，照顾家中老幼，跟随官员在外地赴任的大多数是侧室。父母一般很少跟随，马丕瑶的父亲马天平是如何到了永济，又病死在那里，我们不得而知。

丁忧源于汉代，至宋代则由太常主其事。“丁”是遭逢、遇到的意思。丁忧期间，丁忧的人不准为官，如无特殊原因，国家也不可以强召丁忧的人为官，因特殊原因国家强召丁忧的人为官，叫作“夺情”，那是社会舆论所不容的。丁忧期间孝子要吃、住、睡在父母坟前，不喝酒、不洗澡、不剃头、不更衣，并停止一切娱乐活动。但到后来，很多官员很难做到这些，但有一点是不能马虎的，就是必须在家守孝，三年不离家是基本的规定。

马天平在永济去世后，马丕瑶马上辞官，扶柩东行，将父亲的灵柩运回安阳西蒋村安葬，并在西蒋村守孝三年，做了一个孝子应该做的一切。

同治十三年（1874年），三年守孝期满，马丕瑶回京销假，很快他的任命下来了，授平陆知县兼任河东监掣同知。

平陆是马丕瑶从政的第一个地方，回到平陆他丝毫没有感到失落和不愉快。尽管他在平陆和永济有着很好的政声，也深得百姓拥戴，但职位却并没有晋升。在晚清政坛上，没有政治根基、没有过硬的后台，晋升一级是何等困难。

光绪年间，一场席卷华北大地的旱灾发生了，这就是近代历史上著名的大灾荒——“丁戊奇荒”。

这场大旱灾从光绪元年（1875年）一直持续到光绪四年（1878年），持续时间特别长，范围波及山西、直隶、陕西、河南、山东等省，造成1300多万人饿死，2000多万人逃离家园。这场大旱灾，山西是重灾区，三晋大地“赤地千里，晋民饥馑，死者大半，流亡遍四方”[①]。山西甚至出现了人吃人现象。山西一省1600万居民中，饿死达500万人，还有几百万人口逃荒或被贩卖到外地。无情的旱魔，把灾区变成了人间地狱。

马丕瑶所在的平陆以及晋南地区，更是山西灾区的重灾区，据史书记载：“草根食尽，继以树皮；树皮食尽，继以树叶，今将并此而无。倒毙饿夫，在上为鸟鸢之食；恒饥稚子，沿村半鸠鹄之形。殆有云汉之诗所

① 〔美〕马士：《中华帝国对外关系史》第2卷，上海书店出版社，2000年。

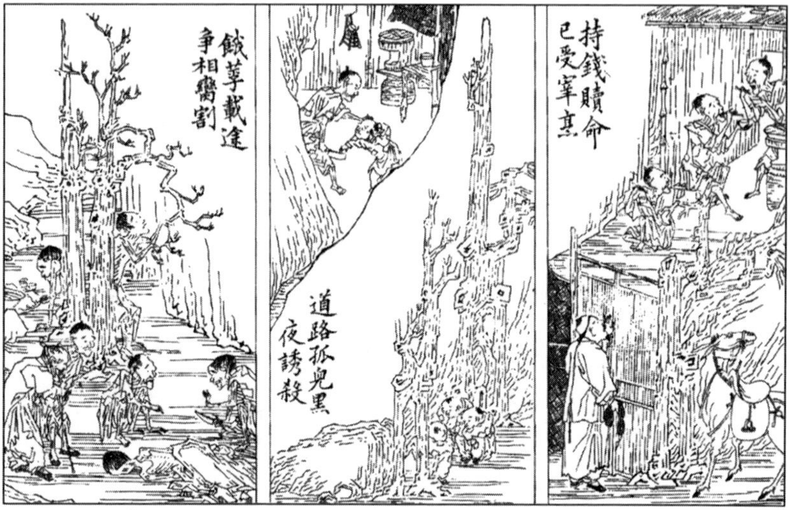

描绘“丁戊奇荒”的图画

不能赋，郑侠之图所不能绘者。”[①]面对这场席卷华北的大旱灾，清政府高度重视，派出大员巡视各地旱情，提出解决问题的良策。巡视山西的是阎敬铭，他是一个清官，从踏入山西的那一天开始，他就马不停蹄四处巡视，并亲自到旱灾最严重的晋南视察，了解民情。

在平陆，他召见了知县马丕瑶，了解平陆的灾情，并询问赈灾良策。在山东任巡抚时，阎敬铭就知道马丕瑶的大名，知道他是一个百姓拥戴的“清官”。在和马丕瑶交谈之后，他对马丕瑶的赈灾策略甚为敬佩，回到太原后，他就向时任山西巡抚曾国荃推荐了马丕瑶，建议曾国荃给马丕瑶

① 马丕瑶：《详请赈济议》，光绪《解州志》卷十六《艺文》。云汉之诗：《诗经·大雅·云汉》，描写周宣王大旱求雨的诗篇。郑侠之图：北宋郑侠所绘制的《流民图》。均反映大旱之年百姓所遭受的苦难。

更大的空间和权力，让他在这场灾难中发挥更大的作用。曾国荃就奏请朝廷，任命马丕瑶为解州（治所在今山西运城解州镇）知州，担负全山西遭灾最严重的解州的赈灾重任。

光绪四年（1878年），马丕瑶离开平陆，前往解州。在前往解州的路途上，马丕瑶目睹了沿线百姓遭受的苦难。因为旱灾，粮价飞涨，一斗麦谷已经涨到白银四两多。百姓为了活命，除了变卖所有家产，甚至发展到卖儿鬻女，到处是“道馑相望，死者遍野，村落为墟”。面对此情此景，马丕瑶泪流满面。据史料记载，在马丕瑶就任解州知州的这几年，旱灾还没有得到缓解，地震、鼠害相继而至，使得晋南灾情更加严峻。马丕瑶曾作过一首《悯荒》诗，道出了当时解州赈灾的情况和心情。

悯荒[①]

赖有同舟济，官民意味亲。

天恩三次泽，州属一家人。

分合筹全局，城乡洽比邻。

诸君须努力，散座桑梓春。

面对无情的天灾，马丕瑶痛心疾首，作为一州大员，他甚至亲至关帝庙，祭拜关帝，内心期盼下一场及时雨，缓解灾情，救百姓于水火之中。在《祭关圣祷雨文》中，马丕瑶向关帝立誓：

瑶誓竭此驽诚，改过自新，合州绅耆士庶，从此洗一切恶习。

---

① 光绪《解州志》卷十七《艺文·悯荒》。

解州关帝庙

庶几帝君陟降左右之灵，有以消弭大怒。①

大灾之年，最怕的就是有人趁机作乱，关乎民生的粮食和食盐，是最容易引起百姓激变的导火索。一些不法奸商，趁火打劫、哄抬物价，给本来就处于水深火热中的广大灾民带来灭顶之灾。马丕瑶到解州的时候，各种社会问题叠加如山，就像一堆柴火，只要有一星点火花就会燃起熊熊大火，一发而不可收拾。马丕瑶清醒地认识到这一点，他首先把稳定社会治安、消除不稳定因素放在首位。为此，他上任三板斧，每一斧都直指社会

① 光绪《解州志》卷十六《艺文》。

安定最紧要的事情上来。

在马丕瑶未上任时，解州就有几个不法盐商，哄抬物价，囤积食盐，以此谋取不义之财。灾民本来就缺少粮食，所有的家财几乎卖光，现在不法盐商又囤积食盐，灾民的生活更是雪上加霜，悲愤交加的灾民聚集盐店抗议。这些不法盐商为了牟取高额利润，私下里行贿地方官员，官府听之任之，眼见得一场大的骚乱就要发生。马丕瑶一到解州，面对汹涌不满的百姓，他心急如焚，寻求解决问题的对策。他本想通过做思想工作让囤积居奇的盐商们平价售盐，以解百姓之苦。可这些利欲熏心的奸商根本不理马丕瑶的良苦用心，依然我行我素，甚至闭门不开，对抗马丕瑶。马丕瑶甚为恼火，立即下令逮捕几个危害巨大的不法盐商。不到十几天，就法办了不法盐商二十余人，打击了不法商人的嚣张气焰，消除了不稳定因素。

在打击不法商人、稳定社会治安的同时，马丕瑶认为眼前最急迫的事情就是想尽一切办法弄到粮食，解救饥寒交迫的解州百姓。大旱之年，百姓家里已经没有任何存粮，而国家救济的粮食杯水车薪，加之当时山西全省、华北各省都面临大灾荒，地方官府已经没有多少粮食可供救济。怎么办？不能干等着朝廷的救济粮，作为地方官必须有所作为，要不然如何救民于水火之中？马丕瑶就把目光投向当地那些富豪身上。他知道这些富绅家里一定有不少存粮，在大灾之年，这些富商心里也没有底，不知道这场灾荒何时才能结束，为了一家生存，绝对不肯拿出粮食赈济灾民。为了说服当地富绅，马丕瑶就把他们召集起来，商量对策。强征肯定不行，期待富绅大发慈悲、良心发现，难度也很大，最后马丕瑶以官府借贷的形式从这些富绅手里借得粮食十余万石。在借到粮食后，马丕瑶不敢懈怠，亲自赶到赈灾现场，监督吏属向灾民分发粮食，不得有任何徇私舞弊，不得任意克扣灾民赈粮。这有效缓解了当地的灾情。

马丕瑶一面赈灾，一面开始灾后的重建和社会修复工作。大灾之年，人口锐减，百姓饿死的饿死，逃荒的逃荒，这就导致大量土地荒芜。灾后的重建工作，就是要让人民安定在土地上，尽快恢复生产，这样才能彻底解决灾民的生活困难。为此，马丕瑶站在百姓的立场上，采取了一系列措施，积极赈灾。

第一，清丈土地。摊丁入亩是清雍正朝采取的最重要的经济政策，政府主导清丈土地，百姓根据土地多少承担相应的徭役赋税。但在马丕瑶就任解州知州前，山西全省竟然还有20多个州县没有实行摊丁入亩制度。马丕瑶深知在大灾之年，要想减轻百姓的负担，必须清丈土地，光绪五年（1879年）马丕瑶开始在解州进行清丈土地的工作。

早在同治六年（1867年），山西介休县（今介休市）知县高崇基率先在山西进行清丈工作，“按亩清丈，由黄册十二坊里，汇编十二都册，改向者户经粮纬之制，为分围分段之法，粮随地纳，创造黄鳞册，保户空粮”①。经过土地清查后，官府按土地的级别征收赋税，而不是过去按照土地的数量征收赋税，这样减少了不少弊端，深得百姓拥护。时任山西巡抚曾国荃充分肯定介休县的做法，大力在全省推广。

马丕瑶是积极拥护这项政策的，他认为清丈田地很有必要，对于田地易主、赋粮转移，避免出现飞洒、脱漏诸弊端有很大好处。不过他没有照

---

① 民国《介休县志》卷十八《名宦》。

搬高崇基的做法，而是根据解州的具体情况有所创新。他在解州采取了新的清丈方法，“按村丈地，按地起粮，合一村之田粮为一甲，合数村或十数村为一里，各甲即以各村名名之”[①]。就是按照明代的鱼鳞法，使各村粮有定额，田有定数。到了光绪七年（1881年），清丈基本结束，并把清丈的土地绘成鱼鳞图，刊书立案，永为定制。对于马丕瑶的这些成就，山西巡抚卫荣光称赞他“勤求治理，实心爱民”。

第二，减轻百姓差徭。为了让解州百姓有信心渡过难关，马丕瑶召集当地士绅共同商议裁减差徭一事。晚清时期，山西各地的差徭非常严重，官府聚敛民财，积习渐多，大县差钱多则五六万缗，小县差钱也达到数千缗，这些差钱均是按照粮食分摊给百姓，百姓苦不堪言。马丕瑶在经过多方面调研之后，从体恤百姓角度，认为纾解百姓困苦，减轻大灾之年百姓困难的最有效措施之一是裁减差徭。在他的主持之下，解州出台了裁减差徭的办法：一是根据各村庄的大小，酌情减少差徭的次数，而且各村庄轮流进行；二是根据田地亩数应差，每亩只摊派一文钱，比之前的每亩十多文大大减少了；三是拟定各官署所需要的器皿数量，不允许以官署器皿不足滥征。在马丕瑶的努力下，差徭改革共计29条，并呈请朝廷核定。[②]

第三，免征民粮。解州属于山西比较贫穷的地方，土地多系“硗瘠斥卤之地”，耕地面积本来就不足，加之大部分是盐池和硝池，粮食产量根本不足本地使用。加上大旱之年，解州很多饥民、病民，“民多困乏，

---

① 光绪《解州志》卷四《里甲》。

② 光绪《解州志》卷四《田赋》。

无力忍饥，云草枵腹，扶犁往往倒卧田间，一时不能兴起，民之憔悴于耕作，未有甚于此时”。百姓困苦到这步田地，缺衣少吃，饥饿难耐，连耕作的力气都没有，又怎能有多余的粮食上缴官府？纾解灾难，解救民众于水火，最主要的就是让百姓有时间休养生息，就应该免征粮食。马丕瑶为此多次上奏朝廷，请求减免解州百姓的夏忙钱等。

第四，灾害自救。“丁戊奇荒”发生后，马丕瑶采取各种措施救济灾民，不过他与一般官员的赈灾不同，很多官员只是为赈灾而赈灾，很少有前瞻性的预判。马丕瑶除了解民于水火，还把目光聚焦于灾民的生产自救和灾后如何快速恢复生产。灾荒发生后，各地饿死、病死和逃荒的人不计其数，这就给当地带来了一个严重的社会问题，就是劳动力短缺。过去民间雇用一个劳动力一个月不过百数十文钱，现在“无人受雇，即或雇得残喘之农，一日所费，并平时腾贵三倍。工价之外，仍需优给酒食”[①]。当时山西巡抚曾国荃为了迅速恢复生产，清查土地，设立专门经费鼓励百姓开垦土地，同时购买马牛，发给贫民耕种使用。马丕瑶对于灾后重建也是费尽心思，他不顾疲劳，带领一班官员四处巡查荒地数千亩，把上级下拨的劝垦经费全部发给灾民，令其垦荒自救。为了帮助灾民尽快渡过难关，马丕瑶还大力提倡蚕桑养殖，鼓励民众养蚕织丝。这些措施，对于尽快灾后重建，功莫大焉。

第五，辅以教化。在马丕瑶任解州知州期间，社会教化一直是他时刻关注的大事。在他看来，灾后重建的经济措施，只是解决了百姓的生活问题，精神面貌如果不改变，社会秩序仍然不能得到根本的扭转，一有风吹

① 《曾忠襄公奏议》卷十六。

草动，社会秩序还会受到破坏。于是在解州任上时，他大力推动当地的文化建设，一是刊刻了大量的儒家典籍，如“四书”“五经”和《小学》《近思录》《荒政辑要》，免费发给学校，供当地学子使用；二是刊刻一些浅显易懂、有利于教化的通俗读本。他亲自编写了《二语摘读》《女小儿语》，并刊印分发给当地民众，大力宣传“孝亲敬兄”“种地读书”等道德规范，使民众在伦理道德方面能时刻警醒自己。

马丕瑶在解州知州任上的这几年，他采取的各种措施，对于缓解解州荒灾、稳定民心、安定社会秩序，发挥了重要作用，他无愧为百姓拥戴的清正廉洁的官员。

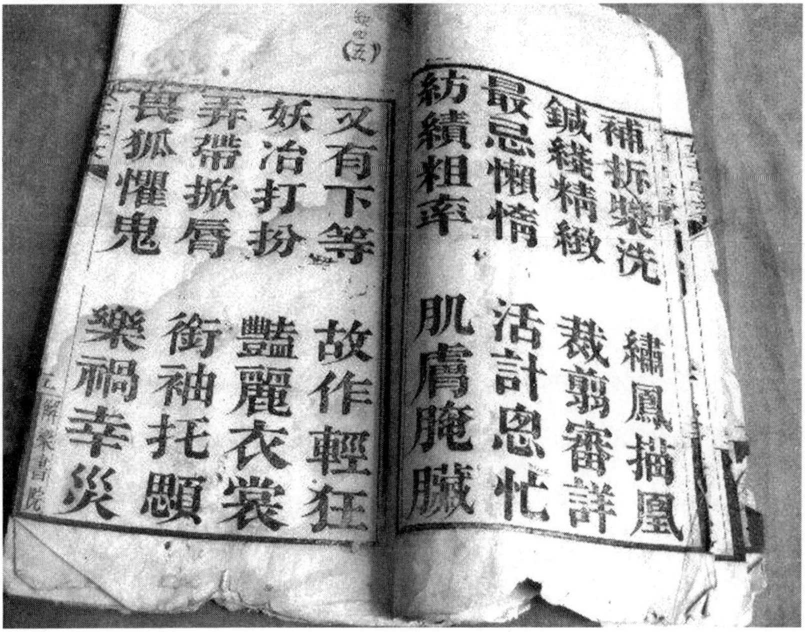

解梁书院刻本《女小儿语》

谁心里装着百姓，百姓心里也会装着他。马丕瑶在解州的功业，解州百姓铭记在心。据史料记载，解州夏县在灾荒过后，百姓感念当时有功于百姓的官员，在县城建立四公生祠，这四位官员即时任山西巡抚曾国荃、赈务大臣阎敬铭、解州知州马丕瑶和夏县知县黄缙荣。可见马丕瑶获得“百官楷模”的声誉，绝非是浪得虚名。

光绪八年，马丕瑶调任太原府知府，离开了生活近二十年的晋南。地位变化，职权扩大，并没有改变他勤政为民的品德。在太原期间，适逢汾水决堤，大水横流，深七八尺，马丕瑶身先士卒，率领百姓决战洪水。

作为一个没有政治背景、没有家族后台的农家子弟，马丕瑶凭借自己的勤奋，在基层任劳任怨，一干就是二十多年，他的大部分青春年华，奉献给了山西。他是一个清官，视金钱如粪土；他是一个干吏，不论身为小小的知县，还是跃居一州知府，他都把为民谋事放在第一位；他是一个敢于担当的官员，不论是面临社会动荡，还是身处大灾，他都临危不惧，一心想着百姓，一心想着报效国家。他的足迹踏遍了大半个山西，他把自己最美好的年华献给了三晋大地。他的付出，百姓记在心里，“马青天”是晋南百姓对他的政绩的最好褒奖。

马丕瑶从没有刻意宣扬自己的业绩，但他在山西的所有政绩，还是得到了清朝最高统治者的赏识。当山西巡抚张之洞等人把他在山西的所作所为上奏朝廷后，光绪帝大为感动，褒奖他“堪为晋省百官之楷模”，并御赐“百官楷模”匾一块以示嘉奖。

马丕瑶在山西二十多年，他的廉洁勤政、一心为民的品德，在晚清的政坛上掀起了一股新风，也为马丕瑶跻身晚清封疆大吏的行列奠定了基础。

第三章

忧国为民报国恩

光绪十三年（1887年），清廷授马丕瑶为贵州按察使兼署布政使，从此他离开三晋大地，开启了南国履历。

他从封建伦理浓厚、思想守旧的北方来到思想开放、繁华富庶的南国，从太原知府到贵州按察使，从贵州按察使到广西巡抚，再到广东巡抚，短短数年，他完成了政治生命的大转变，成为手握大权的封疆大吏。

职位升迁，地位变化，从贫穷的北国到富庶开放的南国，马丕瑶的思想也发生了变化，他开始了解西方，开始接触域外文化，也让他的从政风格发生了些许变化，但忧国忧民、勤政为国的品行一点儿也没有改变。

马丕瑶思想的变化，对他的家庭和后人影响巨大，马氏家风也注入了新的活力和内容。

第一节　倡西学师夷长技

光绪十三年（1887年），深受张之洞赏识的马丕瑶在张之洞的大力推荐下，被朝廷委以重任，调到贵州任按察使兼署布政使。

在前往贵州之前，马丕瑶奉召进京面圣。在京城的数月里，马丕瑶有幸受到慈禧太后和光绪皇帝的两次接见，这种殊荣不是一般的官员所能获得的。其实在没有见到马丕瑶之前，“马青天”的美名不止一次出现在山西巡抚的奏折中，可以说慈禧太后和光绪皇帝早就知道山西有一个受民爱戴的“百官楷模”马丕瑶，要不然作为最高统治者也不会在短短的一个月时间里两次接见一个只有从二品的布政使。

在进京面圣之前，马丕瑶给侄儿马吉楷写过一首小诗，在这首诗中他教导侄儿做事要有定力，有耐心，要尝遍人间疾苦，历尽人生磨难，才能达到光辉的顶点，想成就一世功名，不付出努力是不行的。这首诗是写给后辈的，其实也是马丕瑶自己人生的写照。

丁亥由晋入觐宿井陉示梅兄楷儿[1]

世途那得尽康庄，况复雨余更失常。

惟有耐烦心愈定，呼儿险阻要亲尝。

紫陌骅骝道路开，欣逢好雨洗红埃。

崎岖历尽皆平坦，万里河山供眼来。

这一年的五月，马丕瑶动身前往偏远的大西南贵州。贵州，位于西南边陲，是一个少数民族集聚的地方，而且还是一个山高水远、民风剽悍的地方，同时也是一个比较贫穷的地方。但马丕瑶没有任何怨言，满怀信心走马上任，在他看来，不管身处何地，都会为国为民倾其所有，不负皇恩。

到贵州上任不到几个月，又是一纸调令，马丕瑶离开贵州，前往同样是贫穷边陲的广西任布政使一职。

从贵州到广西，数月时间他基本上是在崇山峻岭中度过的，也正是这种经历，使他有机会体察南国边陲民风民情，也使得他的思想发生了重大变化。

正是从广西开始，马丕瑶的思想发生了重大变化，他从一个传统的恪守儒家思想的封建官僚转为晚清时期较有影响的洋务官员。学习西方长技、富国富民强兵成为此一时期马丕瑶思想的主要内容。

马丕瑶思想的转变，与近代中国社会的转型分不开，也与19世纪60—90年代的洋务运动分不开，更与曾国藩、曾国荃、张之洞等封疆大吏的洋

① 马丕瑶：《珠溪存稿》，见《马中丞遗集》。

务实践分不开。曾国荃、张之洞等洋务派领袖都曾做过山西巡抚，马丕瑶在他们手下曾效力多年，也正是张之洞的大力引荐，马丕瑶才得以从北国山西调到南国，到中国被迫开放的前沿，了解世界风云变化，为挽救危局中的中国出一份力。

从1840年开始，中国社会出现了“千年未有之变局”，西方列强凭借先进的“坚船利炮”强行打开了中国的大门，“泱泱天朝大国”一夜之间成为列强手中的玩物，战败、割地、赔款，一系列屈辱的不平等条约扑面而来，清王朝已经岌岌可危。面对这种局面，一部分人精神坍塌，灰心丧气；另一部分人则不甘沉沦，思考着如何改变国家困局。于是从19世纪60年代开始，一场轰轰烈烈的自救运动在中国大地开始了，这就是洋务运动。毫无疑问，洋务运动的中心议题就是试图通过学习西方的先进技术以求自强并达到改变国家衰败命运的目的。

洋务运动并不是晚清最高统治者自觉地挽救国家危局的自赎，而是一部分封疆大吏迫于形势而开始自救，进而影响最高当权者被迫进行的革新运动。卷入这场运动的多是一些有识见的地方大员，他们引进西方先进的生产技术，开办新式工厂，照搬西方先进的管理手段，培养新式人才，富国强兵是洋务派的共识。

马丕瑶作为长期在北方任职的地方官员，对洋务运动知之甚少，也较少接触西方，更谈不上热衷洋务。他更看重做一个廉洁正直、为民办实事的官员，他的为政思想脉络一如传统的官僚一样，做一个清官，极力维护社会秩序，让百姓过上安稳的生活，维护封建统治的长治久安。

但到了广西之后，情形不同了。广西虽然是一个少数民族集聚的地区，也是一个偏僻贫穷的省份，但广西处于中国近代开放的前沿，欧风美雨早就在这个地区播下种子。到这个地方任职，再也不能囿于国内而不放眼世界，西方世界的信息不时充斥在各地新闻中，也是地方长官不得不面对的情形。“洋务”这个词开始进入马丕瑶的脑海，随之而来的是他的思想也发生了很大的改变，他的洋务思想开始在此时期形成。

光绪十五年（1889年）秋天，在张之洞的大力举荐下，马丕瑶从广西布政使升为广西巡抚，成为广西一省的最高行政长官，也成为晚清为数不多的手握实权的汉族官僚之一。广西巡抚任上开始，马丕瑶洋务思想初步形成，而到了担任广东巡抚时，马丕瑶洋务思想逐渐成熟，最重要的是马丕瑶在两广期间，把洋务思想付诸实践。这些新的思想和实践对他的子女们影响很大，儿子马吉森、马吉樟、马吉梅以及小女儿马青霞，后来走上实业救国、教育救国的道路，在一定程度上与马丕瑶的思想影响和教育分不开。

马丕瑶在两广时期形成的洋务思想和洋务实践，的确值得书写，他用自己的行动彰显了一个“不容忽视的洋务思想家”在晚清政坛上的作用和地位。这一点他在《谢护广西巡抚恩折》中说得明白：

> 广西地处瘠边，……民生凋敝，饷需支绌，备悉艰难，龙州商务初开，宜防边衅，内地伏莽未净，更饬戎行，激励群才，须恩威之并用，兼资众策，贵文武之得人，……惟有振刷精神，破除积习。[①]

---

① 马丕瑶：《谢护广西巡抚恩折》，见《马中丞遗集》。

初期的马丕瑶洋务思想主要集中在培育新的社会风气、发展经济，抵御列强的侵略。而在担任广东巡抚期间，他更是明确提出了学习西方先进技术的主张，“守中学而异西学，见拘于墟；尚西学而薄中学，道失其正。惟当博采群书，取其有裨治道者”[1]。身处中外交往的前沿地带，马丕瑶的确感受到了中国面临的危机，实业救国的理念在他的心里萌生出来，因此他在两广巡抚任上，积极鼓励民众利用西方先进技术进行生产制造，“民间推广制造之事，当随时鼓舞”。如何学习西方，马丕瑶有清醒的认识，在他看来，学习西方不能墨守成规，要有所创新，“严定章程，汰其冗滥，其有谙于制器，明于各学者，广为延致，厚给廪糈，令其多制造”[2]。在马丕瑶看来，延揽懂得西学的人才是根本，先进的技术是生产力，在马丕瑶的心里已有所萌芽。掌握先进生产技术的人才更是关键，对于这些人才，一定要提供优厚的待遇，待遇留人或许也是马丕瑶留给后人的一份遗产。

不论在广西巡抚任上，还是在广东巡抚任上，马丕瑶的洋务思想和洋务实践，与同时代的曾国藩、李鸿章、张之洞还是有一些区别，洋务派的目光多聚焦于军事、工商业和新式学堂，而马丕瑶则多聚焦于农业，关注农产品的商品化，以达到“求富”的目的。关心民间疾苦，关注百姓生活，是马丕瑶政治生涯的亮点，也是他留给后代子孙的宝贵财富。

这一点，还正应了他早年曾写过的一首诗《观题窗有感》：“做官岂

---

① 马丕瑶：《敬陈管见及时奋兴折》，见《马中丞遗集》。

② 马丕瑶：《遵旨覆陈时务折》，见《马中丞遗集》。

是喜来临，万虑千愁感不禁；莫怪烛花多吝惜，劝君民物要关心。”[①]他关心的是民物，当然也就是百姓的生活，在他的洋务实践中，始终强调的也是这一点：关注民生。因此，在广西巡抚任上，他大力开展了植桑养蚕运动，并亲自撰写《广西劝民种桑歌》，调动民众投身到植桑养蚕运动中，从而推动了当地经济发展。

广西劝民种桑歌[②]

养蚕先养桑，无桑空自忙。山脚水旁，下湿平冈，城市村庄，近岸沿墙，凡有空地，植桑皆良。岭南和暖，一年六七造，较北省尤强。男三棵，女四棵，急早种桑秧，水旱无伤，常收胜稻粱。问道机坊，茧愈出愈好，丝愈染愈光。又道税场，厘则一文不取，丝则四处通商。非止老人可衣帛，贸易利无疆。缫得一把丝，换得两月粮，织成十匹绸，起得三间堂。勤耕种桑，莫将本业等寻常。富丽从来说苏杭，多靠养蚕金满囊。粤西贫瘠何难富，家家丝茧，户户筐箱，只要桑株百万行。

近代西方列强在中国沿海、沿江重要城市通过签订不平等条约逼迫清政府开辟通商口岸，和中国的商人展开竞争。为了保护外国商人在中国的经商权利，各国政府在不平等条约中或多或少都有保护商人的条款。在此时期洋务运动中，马丕瑶是较早呼吁保护中国外出商人权益的官员之一，他已经意识到，学习西方先进技术发展本国工业，固然是富国强兵的途

① 马丕瑶：《观题窗有感》，见《马中丞遗集》。

② 马丕瑶：《广西劝民种桑歌》，见《马中丞遗集》。

径之一，但重视商业交往，也是富国的途径之一。他在给光绪皇帝的一道奏折中曾提出："商富则国用亦富，商远则国威亦远。泰西重商，君民合作，陆有轮车，水有轮船，复有兵轮巡察，以兵力佐其商力，赋税日增，来往自如。"[①]他呼吁政府对于外出经商的中国商人要保护，免得这些外出经商的中国商人受人欺凌。

为了保护中国商人的利益，马丕瑶还详细调查了中国在海外经商的人数分布情况，新加坡、旧金山、神户、长崎、横滨等地，人数不下百十万人。马丕瑶认为中国要想国富兵强，经商是不能不被重视的，中国商人的权益是不能不被保护的。发展商业是抵御外国列强侵略的手段之一，如果不重视商业发展，不保护商人的权益，不仅中国商人外出经商不能致富，相反中国也将失去商业的立足之地，到那时只有"坐视民穷财竭莫可知何"。保护本国侨民不被有关国家欺凌，马丕瑶没有意识到国民的尊严和人格是与国家实力相匹配的，国强则国民的地位就高，国弱则国民的尊严也就谈不上。不过马丕瑶能意识到保护外出经商的中国商人的权利，这在当时的官员中已是较早的觉醒者。

身临开放前沿的广州，后来马丕瑶对开矿办厂壮大国家经济非常感兴趣，不过对于前期各洋务官员照搬西方的技术兴办工厂，却颇有微词。在他看来，学习西方长技，不能盲目照搬，对于西方的制造精华，要研究、学习，然后有所发展，使这些西方长技在我们手里"日新月异"。比如武器，不能一味模仿西方国家，要研制出自己的新式武器，这样才能实现真

① 马丕瑶：《敬陈管见及时奋兴折》，见《马中丞遗集》。

正的强国。他任广东巡抚时，在广州、香港等地招商劝办船械机器等局，对广东原有的一些洋务企业，如机器、鱼雷等局加以改革，及时引入西方最新技术。为了发展洋务，人才是关键，马丕瑶制定了一系列章程，对那些精通制造的人才，从优录用。兴办实业，是马丕瑶洋务思想的精华，可惜当他意识到这些的时候，生命行将终结，但他倡导的实业救国理念被他的儿子所继承，在河南大地演绎了一曲实业救国的壮歌。

第二节　整治鄙俗树新风

晚清时期，社会问题百弊丛生，西方列强入侵，“天朝上国”遭受了千年未有之羞辱；社会矛盾空前激化，农民的不满情绪达到顶峰，起义、暴动不时发生；欧风美雨东渐，冲击着传统的伦理秩序；天灾人祸不断出现，人民的生命面临空前摧残；官场黑暗、吏治腐败，使得社会良俗善风出现严重的滑坡。所有现象，都昭示一个突出的现实问题，晚清社会的弊端已到了摧毁清王朝政体的地步。

面对这些问题，很多身居要职的官员要么随波逐流，同流合污，要么不求革新，因循守旧，无所事事，苟且偷安。但仍有一些官员，不满意现实弊端，满怀一腔为国效忠的决心，披肝沥胆，在自己的任上勇于革新，奔波呐喊，成为人们赞叹的良吏、楷模。马丕瑶就是这样一位赢得百姓爱戴的官员。

马丕瑶早在山西为政期间，就对社会弊端表达了不满的情绪，对一些地方的恶俗弊风采取了一些措施加以整治，尽管这些努力改变不了整个社会的弊端，但至少对局部地区的不良习俗的改善还是有所裨益的，也使得基层社会在短暂的时间出现了一丝亮光。

在任解州知州时，马丕瑶发现社会风俗方面弥漫着奢侈浪费的风气。对此他深为忧虑，他希望百姓摒弃奢华，崇尚俭朴，为此他想通过行政手段，扭转社会的不良风气。

光绪七年三月，马丕瑶在充分的社会调查的基础上，在解州各地贴出告示，开列数条条规禁止民间习俗上的攀比奢华之风。这些条规不是泛泛而谈，而是非常具体，提倡哪些，禁止哪些，让百姓一目了然，显示了一位地方官员勇于改革的勇气。

其一，婚丧酒宴“八大碗”。在民间不论结婚还是丧葬，或者是聚会，宴会酒席是少不了的，这是自古以来情感联系和报答的习俗。每逢此时，千村万户，大小酒店，都是人头攒动，男女老少在杯碗碰击的声音中，达到了聚会宴请的目的。酒筵的规模视主家的财力而定，很长一段时间都是一桌三碟四碗，或者四碟四碗，最多也就是四碟五碗，但是到了晚清时期，人们的攀比之风越来越盛，即便在大灾荒刚结束之年，这种攀比之风仍然没有得到遏制，要么六碟六碗，要么八碟八碗。菜肴除了鸡鸭猪肉，还要购置一些海鲜产品，谁家酒筵没有这些菜肴，往往会被人讥笑，“群愚讥笑”。为了不被人耻笑，很多人家尽管财力不济，也要打肿脸充胖子，甚至不惜借贷也要置办丰盛的酒宴，免得被亲朋讥笑。这种奢靡已经败坏了社会风气，攀比奢华像一座大山压得百姓喘不过气来。为了扭转这种奢靡风气，马丕瑶下令凡民间宴会，一桌菜肴只准上八大碗，九桌以上宴席只能上鸡、猪肉和蔬菜，不准使用海鲜等。现在豫西和晋南一带民间流行的“八大碗”，或许就是从马丕瑶开始的。

其二，服饰必简朴。在马丕瑶看来，作为传统女性，妇德、妇容、妇功贵在端贞、勤俭、专事蚕桑纺织，也就是说马丕瑶提倡的女性的品德在于品行端庄，女性的妆容在于简朴无华，女性的工作在于养蚕纺织，操持家务。对于晚清山西解州一带女性衣服出现镶嵌花边、首饰珠翠满头、穿金戴银等奢靡现象，马丕瑶特别反感，尤其是女性到戏楼听戏、探亲或者游玩时，打扮得花枝招展，不仅浪费，而且有伤风化。他认为对于这种风气断不能助长，应该严令禁止，使社会风气回到简朴的理想状态。如何禁止这种风气，马丕瑶在解州的做法颇为强制。未出嫁的女孩子出现这种状况，官府就会批评其父母；已经结婚的女性，在穿戴上过于讲究，就会批评其丈夫；守寡的女性出现这种现象，官府就会批评家族中的族长及其子孙。在当时的社会背景下，马丕瑶想通过各种手段来制止女性在穿戴上的奢靡之风。

其三，限制乡间唱戏。在传统社会，乡间百姓的最主要娱乐形式就是戏曲，百姓欣赏戏曲的场所不是在装饰豪华的戏院，大多是在乡间戏楼或者草台戏班，当然这些戏曲也多是不怎么高雅的故事，其中插科打诨、低级庸俗甚至色情小调在所难免。这些庸俗甚至低级的戏曲与官方倡导的忠孝节义格格不入，某种程度上甚至有伤风化。对于这一点马丕瑶深恶痛绝，因此在整顿风俗方面，他对民间戏曲的影响倾注了较大的心血。为了扭转戏曲的不良风气，在解州任上，他专门就乡间戏曲的演出作了一些规定，如大的村落在丰年时，只准演一台大戏，每台大戏不超过两三天，小的村落不许演戏。戏曲内容也有规定，必须演唱忠孝节义，不得表演淫秽的节目，如有违反，必用乡约加以制裁。

其四，严禁赌博。人类赌博的历史可谓久矣，东汉许慎《说文解字》中载有“古者乌曹作博”，乌曹是夏桀的臣子，为了娱乐就以赌博为乐。由此看来，赌博在中国的夏朝就已出现。古今中外最流行的赌博，大都是运气类，如单双、骰子、四门方宝等。这种听天由命式的赌博能够大众化，原因很简单，首先它体现了一种“天意”公允和权威，与人类原始意识与宗教观念具有同性关系。其次，这类赌博在程序上简单易懂，不易作弊，适合各种社会人群。民间赌博，最早不过是一种游戏，是一种取乐的方式，加上赌博有金钱等物质的掺杂，更具有刺激性和诱惑性。当这种游戏性的娱乐方式被注入一夜之间求富求财的心理暗示后，其性质也就发生了改变，许多人为了成为暴发户，抱着快速发财致富的心理，沉溺其中，卖田、卖屋、卖妻鬻子也要赌博，有些人因为赌博甚至走上杀人越货、偷盗的路子，赌博俨然成为败坏社会风气的毒瘤。这一点马丕瑶看得很清楚，所以在解州期间，他厉行禁赌，取缔民间各种赌博活动，一经发现，严惩不贷，尤其对于那些聚赌的首要分子，严刑法办。

其五，严禁吸食鸦片。鸦片是从植物罂粟中提取的可供人们吸食的一种麻醉品，在中国民间俗称“大烟”“洋烟”，言外之意是这种可供吸食的类似烟草的东西是从西洋传来的。从植物罂粟中提取鸦片的历史可谓久远，它的原产地在南欧和小亚细亚，最早是作为药品用在治疗上，可以治疗头痛、目眩、耳聋、癫痫、中风、气喘、咳嗽、咯血、腹痛、黄疸、发烧、浮肿、月经不调等疾病，所以在《圣经》与荷马的《奥德赛》里，鸦片被描述成为“忘忧药”。晚清时期，中国人吸食鸦片十分普遍。就连支持林则徐禁烟的道光皇帝也曾是一个大烟鬼，并且吸食鸦片成瘾，还写了一篇歌颂鸦片的文章，洋洋得意地炫耀吸食鸦片后耳目聪明、心神清爽的感觉，说鸦片是真正的快乐源泉，甚至还赋诗一首来形容他的体验。

在《赐香雪梨恭记》这篇文章里，记载了道光皇帝在即位之前曾经吸食过鸦片的史实。该文记云：“新韶多暇，独坐小斋，复值新雪初晴，园林风日佳丽，日惟研朱读史，外无所事，倦则命仆炊烟管吸之再三，顿觉心神清朗，耳目怡然。昔人谓之酒有全德，我今称烟曰‘如意’嘻！”[①]

可以说在鸦片战争之前，吸食鸦片是一种身份的象征。在中国传统社会，有一种现象颇为奇特，上有所好，下必效之。只要是地位高贵的人推崇的东西，民间必定会纷纷效仿，“效上”现象是中国社会的一大奇观。尽管清政府严厉禁止民间吸食鸦片，但最高统治者的“模范作用”还是引起民间百姓的效仿，吸食鸦片如时尚的标杆，禁是禁不住了。到了道光末年，英国人看到向中国输入鸦片是一本万利的买卖，便在印度广种鸦片，然后输入中国，获取暴利。

鸦片的泛滥，使许多有识之士为此痛心疾首。清代思想家魏源说：“鸦烟流毒，为中国三千年未有之祸。”[②]林则徐大声疾呼：“此祸不除，

---

① 爱新觉罗·旻宁：《养正书屋全集定本》卷十七。

② 魏源：《海国图志》卷五十。

十年之后，不惟无可筹之饷，且无可用之兵！”[①]他们的呼吁，当然不是危言耸听。事实上，大量鸦片的输入，不但给民众在肉体和精神上带来巨大的损害，还使得中国数以千万计的白银源源不断地流到国外。在近代历史上，山西是鸦片种植的重要基地，当然也是鸦片毒害最重的地区之一，马丕瑶作为解州地方官，深感鸦片的危害，因此在任上严加禁止。在他看来，山西在“丁戊奇荒”中成为重灾区，也与百姓多吸食鸦片搞得倾家荡产有关。家中没有余粮，又何能抵御百年大灾？除了贴出告示严令禁烟，马丕瑶还发动家族进行禁烟：作为家长要以身垂范，不要贪图大烟的厚利而带头种植，更不能开偷食大烟的先河；吸食鸦片的，应该马上回头，吃药治疗烟瘾；每个家庭要严立家规家法，禁止子孙吸食鸦片。只有从自己做起，才能扭转社会的不良风气。

光绪十五年（1889年）以后，马丕瑶当了广西巡抚、广东巡抚，在鸦片泛滥的前沿地带，马丕瑶更加认识到鸦片对中国百姓的危害。马丕瑶每每巡视广西、广东各地的大烟馆，看到那些经常光顾大烟馆吸食鸦片的百姓，是如此的孱弱，内心受到的打击是无法用言语表述的，正像有的文章中记载的那样，他看到的情形：“瘾至，其人涕泪交横，手足委顿不能举，即白刃加于前，豹虎逼于后，亦唯俯首受死，不能稍为运动也。故久食鸦片者，肩耸项缩，颜色枯羸，奄奄若病夫初起。”[②]因此在他就任广西、广东巡抚时，多次下令禁止鸦片。

---

① 《清史稿》卷三百六十九《林则徐列传》。

② 俞蛟：《梦厂杂著》卷四。

第三节　不遗余力禁赌博

在任广西、广东巡抚期间，为了扭转社会不良风气，稳定社会秩序，促进社会经济的繁荣，重振凋敝的道德伦理规范，马丕瑶不遗余力禁赌博。在他看来赌博和吸食鸦片是当时社会的两大毒瘤。

光绪十五年十一月十三日，马丕瑶经过深入细致的调查研究，发布了《广西禁赌博告示》。在这则告示中，他把赌博带给广西百姓的毒害一一列举，比如赌博最为民害，“倾家荡产”“废时失业”“奸拐窃盗”“命案种种”由此而生，“本部院深所痛恨”。[①]为什么广西赌博之风如此盛行？在马丕瑶看来主要是由以下原因所致：一是各地劣绅操纵包庇；二是地方地痞恶霸引诱；三是地方文武官员、衙门小吏暗中收取好处。因此尽管有些时候官府也加以禁止，但怎么也禁止不了。当然赌徒想一夜暴富的贪欲

① 马丕瑶：《广西禁赌博告示》，见《马中丞遗集》。

也让他们不能停手，他们想通过赌获得财富，殊不知赌博又是一个巨大的陷阱，偶尔的小有所获，让他们萌生更大的欲望，赌注越玩越大，赌者越陷越深，最后难以自拔；每赌必输，心自不甘，心存侥幸，期望翻盘，欲望驱使，如同吸食鸦片，越来越上瘾，最后深陷其中，倾家荡产。

光绪二十一年五月，身为广东巡抚的马丕瑶针对广东各地的赌博现状，在广东全省贴出告示裁革陋规，严禁开设赌馆。在告示中，马丕瑶说：我在广西当巡抚的时候，就听说广东赌风之盛，为各省之冠。偷盗的案件，也比其他省多得多。他到了广州之后，明察暗访，看到广州城内外赌馆林立，即便是邻省三不管地带，也是赌馆遍布，在广东各地有一道奇观，就是不论繁华的村落集市，还是穷乡僻壤、街弄小巷，几乎达到“无地不赌，无人不赌”的地步，赌博带来的严重后果就是抢劫盗窃、斗殴伤人的案件几乎“无日无之”，广东的赌博之盛简直是骇人听闻。马丕瑶的调查还只是冰山之一角，其实在很早的时候，广东的赌博就比较严重，清末更甚，原本秘密进行的赌博开始公开化、合法化，《申报》在1878年2月26日刊登了一篇文章，全面描述了广东的赌博盛况：

> 自城郭、市镇以至荒村僻壤，无不有赌具。赌不择地，神祠、社庙皆赌场也；赌不择人，兄弟、亲戚皆赌友也；赌不择物，凡可以较胜负者，皆赌具也。由小以至大，由富以至贫，由晨以至夕，无老无幼，无贵无贱，无男无女，无智无愚，大都以赌为生，以赌为乐。

晚清时期，赌博之风在广东流行是具有一定的特定历史条件的。

近代广东商品经济的发展，为赌博业的兴盛提供了经济条件和活动舞台。晚清时期，广东不仅是对外交往的桥头堡，是最早进行对外经济贸易的地区，也是受外来文化影响最大的地区，相较于内地封闭的重农氛围，经商贸易对广东人来说影响较大，因此广东人的商业意识比较强。不论是官员还是百姓，都把经商作为要务，有文献记载“民之贾十三，而官之贾十七。官之贾，本多而废居易，以其奇策，绝流而渔，其利尝获数倍……无官不贾，且又无贾而不官”①。由此可见，广东一带的官员除了为官领取朝廷的俸禄，还把权力与经商结合起来，通过手中的权力经商致富；而作为商人，要想获得更大的财富，也必须与官员勾结，通过经商获得钱财跻身官场，再利用手中的权力获取更大的利益。金钱的铜臭已经弥漫于广东整个官场，有些人为了获取利益不择手段，只要能赚钱，只要能快速发财，至于做什么已经不重要。赌博也已成为他们获取财富的手段，一间房、一块空地、几个工具就可以聚拢无数人前来掏钱，日进斗金已不是什么新闻，所以当赌博进入人们的视线后，就一发而不可收拾。

作为最早对外开放的城市，广州的快速发展和繁荣，吸引了大量的农村人口向城市聚集，加之清末社会动荡，导致更多的无业游民涌入城市，为了生存，这些人不得不从事更为复杂的职业。当时有人总结广州城市中游民主要从事的八大行业，比如：经行，从业者有拆字、相面、算命等；皮行，从业者有贩卖药材、行医、巫婆神汉等；李行，从业者有变戏法等；瓜行，从业者有卖艺、杂耍、舞刀弄枪等；风行，从业者有偷鸡摸狗、绿林大盗等；火行，从业者有坑蒙拐骗、私刻印章、造假等；除行，从业者有诈骗、勒索等；妖行，从业者有邪门歪道、以色诱人等。各色社

---

① 屈大均：《广东新语》卷九。

会人员都有赌博业的参与者。

广州赌博业的繁盛，与官员的参与密不可分。鸦片战争以后，广东沿海遭受战争的创伤尤为明显，加强海防，购置枪炮，引入西方先进的武器、轮船等成为一些官员的共识，但这些建设需要大量的经费，而中央财政的拨付微乎其微，需要地方自己筹备。在经济捉襟见肘、无能为力的情况下，还要维护地方社会秩序，这就迫使一些官员另辟蹊径，谋划生财之道。赌博就成为一些官员聚敛钱财的主要手段。1861年，为了筹款修复贡院，广东首开“闱姓”赌博[1]，虽然只办了两年就停办，但“闱姓”私赌在民间却一发不可收拾。之后的历任广东巡抚，只要财政发生困难，就下令开赌。如1864年，时任广东巡抚的郭嵩焘，允许“闱姓”开赌，为招商筹备费用，规定每年筹赌银三十万两，历时两年。1869年两广总督瑞麟又开赌禁，每年筹得赌银数十万两。1884年，张之洞任两广总督，此时中法战争最为紧张，广东作为这场战争的大后方，承担战争补给的重任，同时还得购买枪炮，提防法军从海上进攻广东，广东财政一时陷入困境，“亏短尤多，窘迫尤甚”。为了解决财政困境，张之洞上奏朝廷，允许开禁赌博，并公开招商，最后诚信堂、敬忠堂分别以交银200万两赢得在全省承办“闱姓”赌博的权力，赌博终于获得了合法化的外衣，公开出现了。

赌博，一旦合法化和公开化，最受益的和获得拥护的并不是市井小民，而是那些手握大权的官员，平时这些官员私下赌博，偷偷摸摸，怕受

① “闱姓”赌博，道光末年创设于广东，是利用科举考试来进行赌博的一种方式。用闱场考试士子中式的姓氏，以猜中多寡为输赢，故称“闱姓”。

到上级弹劾和罪及己身。现在好了，赌博合法了，他们不用再遮遮掩掩，终于可以名正言顺大显身手，再也不用怕有人弹劾。广东学政吴宝恕“吸食洋烟，日与幕友聚赌”[①]；两广总督谭钟麟的幕僚家丁更是仰仗谭钟麟的权势，“倚势招摇，署中开设白鸽票馆。闱姓商人，行贿承充”[②]。两广总督李瀚章的副将杨安典、书吏何懿臣“均在城内开设摊馆，所有赌场即派杨安典等经营，每月缴入督署银三千两，尽饱贪囊”[③]。广东水师提标中营补用参将李祥辉更是“著名赌棍，劣迹极多”。

尽管公开赌博有迫不得已的成分，但毕竟赌博是败坏社会风气、扰乱社会治安、败坏社会公德的社会毒瘤，对此还是有很多官员深恶痛绝的，因此在广东一直存在禁赌、开赌的争论。在晚清广东政坛上，一会儿开赌，一会儿禁赌，开赌与禁赌就如同走马灯，而在禁赌阵营中，马丕瑶可以说是最为突出的。他在出任广东巡抚的短暂时间内，就采取一系列雷厉风行的手段禁赌，并详列数条条款，严惩赌博。他颁布了禁赌八大条规：

第一条：停止文武官绅的“报效四成经费”，合计每年白银三十万两，从光绪二十一年五月二十日停止征收，以后不得变换其他名目再行征收。

第二条：封查各地赌馆，以后再发现私自开设赌馆的，按律治罪。

第三条：过去出租房屋作为赌馆的，既往不咎，房产可以领回改做正当用途，以后再发现出租房屋作赌馆，一经查出，房产没官，不准领回。

---

① 《德宗景皇帝实录》（二），《清实录》第53册。

② 《德宗景皇帝实录》（六），《清实录》第57册。

③ 《德宗景皇帝实录》（五），《清实录》第56册。

第四条：严格实行保甲法，禁赌以后再发现有开赌场的，十家连坐。各级官员直至乡村族长，发现赌博不报，查出严惩不贷。

第五条：对于举报赌馆的，一经查实，将赌馆查封变卖，拿出一部分奖励给举报者。

第六条：从今而后，不论是文官、衙门书役、家丁等，如有包庇违规者，唯本官是问，至于书役、家丁等，按罪严惩。

第七条：地方武官、兵弁，违规包庇，查出参革。

第八条：地方士绅，如有承揽赌博，一经查出，革除功名，并将房屋充公。

马丕瑶在广东实行的禁赌八条，可以说是晚清广东官场最严厉的禁赌措施，对长期以来广东禁而不绝的赌博恶习是一个巨大的冲击，据史料记载，禁令一出，“城厢内外大小赌博刻已一律禁绝，无敢私行开设者”[①]。社会各界对此也是反响强烈，百姓对长期流行的赌博之风深恶痛绝，对马丕瑶的禁赌举措拍手称快。《申报》也发表多篇文章，给予高度赞扬，认为“从此粤东风俗可望化强悍为驯良，革奢华为俭朴，未始不基于此”[②]。

可惜，马丕瑶的禁赌举措没有实施多久。这些举措因马丕瑶不幸染疾病故而未能长期贯彻实施，他的继任者废除了八大禁赌条规，重开“闱姓”赌博，马丕瑶的努力付之东流。

---

① 《珠江藻夏》，《申报》1891年5月26日。

② 《书粤督抚奏裁陋规严禁赌馆折后》，《申报》1895年8月15日。

第四节　广开书局敦教化

马丕瑶作为执掌地方的最高长官，对于晚清社会有深刻认识，为了国家计，为了百姓计，除了发展地方经济，整顿吏治民风，在他看来提高百姓的道德水平、稳定社会秩序的根本还在于发展教育，提高人民的文化水平和知识水平，为此在他为政的山西、广西和广东，他对教育倾注了极大的心血。马丕瑶是近代封疆大吏中对教育较为执着的官员之一。他的重视教育的思想也对马氏家族产生了一定影响，尤其是他的小女儿马青霞把大部分财力和精力倾注在发展新式教育上，可以说深受其父马丕瑶的影响。

早在马丕瑶任山西解州知州时，他发现战乱和灾害使各地书籍散佚无存，士子面临无书可读的窘迫局面，为此他响应时任山西巡抚曾国荃的号召，广设书局，刊刻书籍，为山西保存文献，为士子提供有用的书籍。解梁书院是解州著名的书院，但在晚清却遭到严重的破坏，书院损毁严重。马丕瑶任解州知州时，不惜花费巨资修缮书院，而且还聘请当地有名的读书人担任教师，招收当地有志于科考的士子入院读书，使书院发挥应有的育人功能。他以解梁书院为据点，广招刻工，刊刻各种经史和儒家格言遗训。他所刊刻的书籍以儒家典籍为多，如“四书”“五经”和《小学》《近思录》《呻吟语》《牧令全书》《五种遗规》《荒政辑要》等。他把刊印好的典籍分发给各个学校，供士子们学习使用。

在解梁书院，他还亲自编著了劝人行善行孝的通俗书籍，如《二语摘读》《女小儿语》等，分发给全州，供人们阅读，教导人们要明白安身立命、为人处世的大道理，劝人们要“孝亲敬兄”等，以期用儒家的思想教化百姓，端正社会风气。

在马丕瑶的儿子马吉森、马吉樟编写的《马中丞遗集》中，有一卷专门收录马丕瑶在各地题写的匾额、楹联，其中题写最多的是各地的书院，从这些楹联中我们也能看出马丕瑶对教育的重视。

永济敬敷书院楹联：

道岂求远，缅诸冯眺首阳，教孝教忠，极千古人伦之至；

文其在兹，亲百姓逊五品，克宽克敬，括累朝圣学之全。

桂垣书局藏书楼楹联：

秀峰秀，灵川灵，登斯楼更上一层，奇揽嫏嬛，奥窥宛委；

刚日经，柔日史，愿诸生读书有用，远宗士燮，近法文恭。

浔州书局楹联：

览八九省之精华，益人神知；

收左右江之灵秀，育我英才。

桂垣书局

龙江书局匾额及楹联：

南国被化。

国家文德覃敷，安绥南交，屏翰中原，万里车书悉纳诸化雨春风之教；

海峤英才杰出，忠信甲胄，礼义干橹，十年酝酿共学为经天纬地之人。

柳州书局匾额及楹联：

驾鹤蟠龙。

到此方知右江雄，愿吾民兴让兴仁，庶常见云静黔波，风清岭峤；

诸生幸得百城拥，从这里希贤希圣，更不徒去华直节，子厚文章。

南宁书局匾额及楹联：

罗秀文江。

书城萃南北精华，益人神智无穷，茹古涵今，同异何须探虎观；

邕管为东西保障，从此贤豪辈出，经天纬地，安危岂止系龙州。

宾州书局匾额及楹联：

化起清风。

据邕管上游固结民心端士习；

为粤疆沃土厚培风俗起人才。

思恩府书楼楹联：

题署荷天章，王新建化地常留，会看经济文明光昭日月；

精英罗圣籍，韦白云书楼直起，岂第山林泉石胜擅蛮荒。

思恩府阳明书院匾额及楹联：

化洽南疆。

文臣识兵机，理学自征实用；

圣功非禅寂，良知直接真传。

在建书院、育人才、正民俗、化人心等方面，马丕瑶最值得夸耀的还是在广西为政期间的所作所为。

光绪十五年九月，马丕瑶继任广西巡抚。之前他担任广西布政使期间，就对广西做了大量调查，他深感广西“素称瘠苦”“俗悍民贫”，如果不采取措施，不对民众进行教化，是很难除去“敝习”的。因此他上奏朝廷，提出“欲力挽颓风，必先广储经籍”，他准备在“省城开书局”，“以培本源”。在他的为政生涯中，他一直坚持“做官以教化为先”的理念，所以每到一处，他都把教化民众作为重点，力图在自己所辖地区建立一种淳朴、厚重的乡风，进而维护社会秩序。教化民众的主要手段就是书籍，他到处训导人们多读书，认为“书不可不读，欲参人物世事之变，即一切稗史小说亦不可不读”[①]。在广西期间，他下令刊刻了大量的儒家典籍，免费发放给广西各地书院，供士子们阅读。此外他还在广西的浔州（今广西桂平）、柳州、梧州、南宁、太平、泗城（今广西凌云）、百色、郁林（今广西玉林）、归顺（今广西靖西）等府、厅、州等地设立官书局，每个官书局均建有书楼，楼上藏书，楼下阅读。此外，为了让广西的学子们能有更多的书可读，马丕瑶上书朝廷，请求从东南文化比较发达的省份调集一部分书籍支援广西，也得到光绪皇帝的允可。很快东南几个省份调集的书籍运到了广西，丰富了广西的文化资源。

在开办书局上，最值得后人缅怀的还是马丕瑶创办的桂垣书局。桂垣书局，又叫桂林书局。这个书局是广西最早的书局，桂垣书局建立后，马丕瑶又向藏书丰富的江苏、浙江、湖北、湖南、四川等地征集图书。共获得各省赠书384种，另外选择一批经、史、子、集善本书自行刊刻。据有关研究表明，桂垣书局到1906年，刻印的书籍有30余种。藏书楼所藏图书除了自刻，还有外省赠送的图书，经类书籍129部，史类347部，子类书籍285部，集类书籍323部，丛书23部，共计16754册。1909年，广西图书馆建立后，桂垣书局的藏书全部送到广西图书馆收藏。

① 马丕瑶：《广西发各属书籍告示》，见《马中丞遗集》。

第五节　惩腐查办李瀚章

光绪二十年（1894年）七月，光绪皇帝下了一道圣旨，调广西巡抚马丕瑶到广东，任广东巡抚。

在清代的职官中，巡抚是主管一省军政、民政大权的地方长官之一，从二品，仅比两广总督略低一点。在晚清政坛上，广东巡抚的地位要比其他省份的巡抚高得多，重要得多，所以马丕瑶虽然从广西巡抚调任广东巡抚，职位虽说没有多大变化，但职权和地位以及影响远非广西巡抚可比。升任广东巡抚，马丕瑶已经跻身晚清官僚体系的最高一层，他才是真正意义上的封疆大吏。

在接到吏部的调令后，按照清廷的规定，马丕瑶必须先赴京城谢恩。在经过一个多月的长途跋涉后，九月马丕瑶到了北京，先后受到光绪皇帝和慈禧太后的四次召见。在北京逗留期间，恰逢慈禧太后六十大寿，马丕瑶免不了为太后寿辰忙碌一番。在京期间，马丕瑶的为政业绩再次得到慈禧和光绪皇帝的肯定，慈禧为了表彰他的忠心，特赐给他亲笔书写的“福”“寿”各一方，还赏赐给他如意一柄、蟒袍一件、尺头二匹。

在晚清，最高统治者为了鼓励一些大臣的善政和业绩，往往采取赠送礼品等方式以示嘉奖和笼络。尤其是慈禧太后，赐字成了常态，而且“福”“寿”用得最多。在之前，马丕瑶曾多次受到慈禧和光绪帝的奖赏，数次赐“福”字，如光绪十六年，为表彰马丕瑶在广西所做出的业绩，御赐“福”字；光绪十七年，再赏“福”字。

慈禧赐的“寿”字

光绪二十一年（1895年）正月二十日，马丕瑶风尘仆仆赶到广州，走马上任，就任广东巡抚。马丕瑶一到广州，还未来得及整理思绪，还未来得及谋划方略，一件惩贪大案就摆在了他的面前，这就是影响晚清政坛的两广总督李瀚章贪腐案。

原来在马丕瑶庆祝慈禧太后六十大寿期间，有官员上奏弹劾两广总督李瀚章贪腐，请求朝廷严办。恰好马丕瑶接任广东巡抚一职，他又是当时著名的清官，清廷权衡再三，就委托马丕瑶亲自查办此案。

李瀚章绝非等闲人物，他主政多地，是实打实的封疆大吏，还是晚清重臣李鸿章的大哥，在晚清政坛上的作用和地位也非一般人可比。

李鸿章和李瀚章

李瀚章，安徽合肥东乡人（今合肥市瑶海区磨店乡祠堂郢村人）。其父李文安有六子，李瀚章居长，李鸿章居次，以下依次为李鹤章、李蕴章、李凤章、李昭庆。

道光二十九年(1849年)，李瀚章以拔贡朝考出曾国藩门下，签分湖南。咸丰元年（1851年），署永定县知县。太平天国事起，李瀚章作为曾国藩的心腹，成为湘军各路粮草官，支援湘军与太平军的作战，深受曾国藩的赏识和重用，史书上说他“临事缜密，所为公牍简洁得要”。从1851年到1868年，短短的十余年时间，他就从一个小小的知县跃升为总督大员。同治元年（1862年），曾国藩派其襄办广东税务，调广东督粮道。同治二年，擢广东按察使。同治三年，擢广东布政使。同治四年，擢湖南巡抚。同治六年，调江苏巡抚，署湖广总督。同年十二月，调浙江巡抚，赏一品顶戴。同治七年，任湖广总督，与长江水师提督黄翼升一起整顿长江水师。同治十三年（1874年），兼任湖北巡抚。光绪元年（1875年），调四川总督。光绪二年（1876年），调湖广总督。光绪十年（1884年），任漕运总督，加兵部尚书衔，赐西苑乘船。光绪十五年，调两广总督。

从李瀚章的从政履历来看，他的发迹始于与太平天国作战，他长期为湘军筹备粮草，是湘军的幕后英雄，深得曾国藩的赏识，此后仕途非常顺利。

光绪十五年，李瀚章调任两广总督，开始了他人生的最后历程，不过这时候的李瀚章已经步入老年，贪图享受、中饱私囊。当然李瀚章坐镇一方，成为手握大权的重臣，也与李家老二晚清重臣李鸿章有极大关系，李家庞大的人脉和权力，恐怕连慈禧太后在对待李家兄弟时也得忌惮几分。

光绪二十一年正月，马丕瑶刚到广州就接到光绪皇帝谕旨，让他全权负责查办两广总督李瀚章一案。原来在马丕瑶未到广州之前，有官员上奏朝廷，弹劾两广总督李瀚章。在这道奏折里，罗列了李瀚章数条罪状，主要有：一是纵容部下私拆海防设施，盗卖军火；二是纵容贪官，巧立名目骗取国家钱财；三是打着筹办军费的名义，开设赌馆，开禁赌博，从中抽成，败坏社会风气；四是卖官鬻爵，贿赂成风；五是纵容驻军胡作非为，扰乱社会治安。

马丕瑶一接到圣旨，说实话心里还是忐忑不安的，他一个刚刚接任的巡抚如何办理顶头上司，况且所办的人不仅位高权重，而且后台极硬，是当朝重臣李鸿章的大哥。不重视此案，敷衍塞责肯定不行，那不是马丕瑶的为官风格，而且也辜负了天子的重托；按律办理，据实禀报，肯定会得罪李鸿章，弄不好自己的身家性命也会赔进去。既然皇帝亲自交办，马丕瑶一刻也不敢马虎，按照圣旨所列出的有关李瀚章的几大罪状，开始一一调查。

针对弹劾李瀚章私拆海防设施，盗卖军火一事，马丕瑶亲自带着随从，坐船到沿海海防前线调查，查访的结果让马丕瑶大吃一惊。光绪年间，中法战争、甲午战争的发生都是从海上而来，广东地处海防前沿，加强海防设施自然就是历任两广总督的重任。加之甲午战争发生后，日寇也不时窥视广东，自然引起朝野上下的重视。光绪九年，兵部尚书彭玉麟督防广东海防，为了防止敌人乘船从海上沿内河进入广州，彭玉麟在虎门一带用大石块沉入河底，又在河道上架设巨木长桥，一旦有敌人船只进入，这些设施就可以阻止敌人。但是李瀚章接任两广总督后，疏于海防，对原来的海防设施不管不问，河中设置的巨木因海水侵蚀，腐烂不堪，甚至有不少巨木被海水冲走。在马丕瑶看来，能够阻挡敌人入侵的就是阻塞河道，现在河道巨木损毁严重，自然李瀚章有失职之责。马丕瑶仔细核查，发现李瀚章也不是没有注意到这一点，只是他想用铁桩代替木桩，所以准备另购物资在长桥外准备加固海防，但李瀚章以军费紧张为由使得加固海防一事一再拖延。广州是外商云集的地方，加强海防阻塞河道，自然对外商商船进入内河不方便，有些洋商就通过行贿手段，让李瀚章清除内河阻碍，李瀚章听从洋商的建议，对于海防一事也就没有进一步加强，致使广州海防如同虚设。

对于有人弹劾李瀚章纵容中军副将杨安典盗卖军火、私募兵勇、纵容军队为非作歹一事，马丕瑶更是不敢马虎，一一落实。经过严密的查证，问题的确很严重。广州本是海防前沿，购买、制造军火自然属于加强海防的要务，但李瀚章对海防不尽心，对于部下的不法行为也是睁一只眼闭一只眼，这让杨安典等人越发胆大妄为。马丕瑶经过严查，在李瀚章主政两广期间，的确发生过把广东军火卖往他处的事情，如：调往北洋水师的军火各种枪械六千多杆，子弹五百五十万发；卖给台湾枪支一千五百杆，子弹二百万发，共得银五万五千多两。名义上这些钱是上交善后局，但具体落到何人手里，不得而知。李瀚章为了加强海防，下令各地扩大招募兵勇。杨安典就招募了两营，他花费巨资招募的这些兵勇多是地痞流氓。进入军队后，他们更是为非作歹，有抢劫百姓钱财的，有打架斗殴致人死伤的，影响极坏。马丕瑶经过密查，了解了很多军中情况，这些都成为李瀚章纵容贪官的直接证据。

针对有官员弹劾李瀚章借着筹备军饷，开禁赌馆，允许各地设立赌馆，抽取赌馆利润一事，马丕瑶也是认真对待。本来马丕瑶就对赌博很反感，认为这是败坏社会风气的毒瘤，在山西、广西时他就下令严禁赌博。对李瀚章开禁赌馆、抽取利润、败坏社会风气一事，他深恶痛绝。李瀚章的亲信杨安典、黄金福、何懿臣等人都参与开设赌馆谋取私利。杨安典在广州就开设有赌馆两处，还将房屋租给赌徒作为赌馆使用；何懿臣是总督署小小的书吏，却深得李瀚章信任，他也开设有赌馆一处。李瀚章纵容赌博，也为他带来了不少好处，他每年从这些赌馆抽取的利润多达三十万两，表面看这些钱是为了充实海防，但究竟用没用到海防，谁也说不清楚。

经过仔细的调查，马丕瑶对李瀚章的不法行为有了确切的证据，很快他就向光绪皇帝上了一道奏折。光绪二十一年三月初一日，马丕瑶在《遵查两广总督参款片》中，提出了自己的看法。

在他看来，李瀚章年过七旬，不思进取，袒护部下胡作非为，任用杨文骏、杨安典等贪官，招致民怨沸腾，“不闻政声但闻怨声，不闻爱民但闻爱钱”，导致吏治不清，地方不安定。在国家危急、海防吃紧的情况下，李瀚章已经很难再胜任总督重任，念他为国多年，现在年老体衰，让他卸职回老家颐养天年，另选有才能的官员担当大任，这也是两全其美的事情。

奏折上闻，光绪皇帝也不想把此事搞大，于是草草收场，勒令李瀚章退休。就这样李瀚章混迹官场几十年，想不到最终落得被罢免总督勒令退休的下场。

查办李瀚章一案，为马丕瑶赢得了更大的清誉，也为他在广东的改革铺平了道路，之后他下令在全省范围内严禁赌博，整顿吏治，整顿社会风气，加强海防，广东风气为之一新。

第六节　力阻和议命陨落

就在马丕瑶查办李瀚章，整顿吏治，加强国防，准备在广东大干一场时，《马关条约》签订的消息传来，举国哀伤。马丕瑶悲愤交加，连夜上奏，反对议和，反对李鸿章签订的卖国条约。

从1842年中英《南京条约》开始，面对西方列强的侵略，每次战败清政府都以签订丧权辱国的不平等条约而告终，这似乎成了大清王朝对外交往的家常便饭。第二次鸦片战争以后，面对国家进一步衰败的境况，一批官僚从富国强兵的目的出发，开始了洋务运动，目标自然还是摆脱任人欺辱的境况，尽快实现国家民族的振兴。然而现实依然无法改变，依然改变不了被人蹂躏的命运。除了西方列强，从19世纪60年代以后，我们的邻国日本在经过明治维新以后，国力日渐强大，一向被我们看不起的倭寇也加入了勒索、欺凌中国的行列，甲午战争就成了中日天平倾斜的契机。

1894年，朝鲜爆发了东学党起义，朝鲜政府向清廷请求援兵。朝鲜作为大清的藩属国，一向受到大清的保护，而此时日本以保护在朝鲜的日侨为由也向朝鲜出兵，中日甲午战争就这样爆发了。

战争向大清不情愿的方向发展，开始在朝鲜半岛，中日军队接连爆发了成欢之战、平壤之战、鸭绿江江防之战，清军很快惨败。战争到了这个份上，大清丢失朝鲜已是不争的事实，但战争远没有结束，很快战火就烧到中国的土地上，在陆路日军进逼辽东，海上中日海军也爆发了数次大战，丰岛海战、黄海海战、威海卫之战等，同样日军节节胜利，而清军损兵折将，一败再败，尤其是威海卫之战，李鸿章经营多年的北洋水师彻底覆灭。此时日军气焰嚣张，大有向北京进军的态势，而大清王朝已失去战争的决心。求和成为清王朝的唯一出路。

1894年10月，慈禧太后开始起用主和派奕䜣和李鸿章，通过各种途径与日寇媾和。1895年3月，李鸿章以头等全权大臣的名义，率领100多人的代表团到日本马关（今下关）与日本谈判。中间经过多次谈判和讨价还价，李鸿章还挨了日本人一枪，终于在4月17日，李鸿章代表大清王朝与日本签订了这份屈辱的条约。

当《马关条约》签订的消息传入国内，引起的震撼是谁也不曾想到的，它比之前与西方国家签订的不平等条约引起的民愤更大。为什么？堂堂大清王朝被西方列强打败已是屈辱，现又败给一向被我们看不起的日本人，这是很多中国人都无法接受的，尤其是条约的内容刺痛了很多人，很多人的心在流血。因此就当时的舆论而言，要求拒绝和约、惩办李鸿章的呼声非常高。身居广东巡抚的马丕瑶也是反对议和的地方实力派之一。在《马关条约》签订的消息传到国内后，马丕瑶悲愤至极，他立刻给光绪皇帝上了一道奏折，这就是《力阻和议折》。

在这道奏折里，马丕瑶首先表达了对主和派李鸿章卖国行径的谴责，认为李鸿章有辱皇恩，作为全权代表没有站在国家的立场上力图挽救国危，反倒站在倭寇的立场上，不断满足倭寇的要求，“置宗庙社稷土地人民于不顾”，“苟有人心者，断不出此”。紧接着，马丕瑶根据条约的主要条款，逐条分析，提出自己的主张，比如割让辽东一条，马丕瑶认为“尤为诞妄无理”，因为辽东逼近沈阳，是大清的龙兴之地，“尺土不可与人”。再如割让台湾一条，更是万万不能允许。关于开辟通商口岸，马丕瑶更是反对，认为如果同意五口通商，那么日本就可以在中国内地建洋房、开铁路、设领事、练洋兵，用不了多久，“各国争肆豪强，而中国独承其弊，坐视民穷财竭”，这是万万不能允许的。

对于条约的签订，马丕瑶表达了强烈不满和气愤，在这道奏折里，他甚至提出“食李鸿章之肉”的呼声，要求严办李鸿章。同时强烈建议光绪皇帝以国家社稷为重，拒绝和议，严惩李鸿章，同时下令各地将领，“严整师旅”，收复失地，沿海将领加强防备，以备倭寇侵扰。

马丕瑶的悲愤自在情理之中，作为一个有传统信仰的封疆大吏，为国家尽忠，替皇上分忧，是他作为臣子的本分，也是他为官做事的品格。然而当我们细审晚清国势，尽管很多官员都对国家局势表达担忧，也想为国家、为百姓争取更多的利益，但在群狼环伺的大环境下，落后挨打，任人欺凌，大清王朝只能被人践踏，割地、赔款、丧失主权，在这样的情况下，不论是谁主持，议和都是避免不了的，只能在有限的范围内，尽可能地挽回损失。

千疮百孔的晚清政局，令马丕瑶忧心如焚，他不能改变大局，只能在自己的岗位上尽到一个忠臣的职责。在广东巡抚的任上，他大刀阔斧进行革新，尤其是在整顿吏风、加强海防、禁赌挽风俗等方面力行革新，一时间广东社会风气有了一定改变。

然而好景不长，就在马丕瑶准备大有所为时，常年的奔走劳累，加之年纪增长，他的身体不堪重负。他虽有报国情怀，无奈身体不许，油尽灯枯，倒在了工作的岗位上。在生命的最后日子里，他还是想着如何治理国家，硬撑着病体向光绪皇帝上奏。在这道奏折里，他将自己思考的成果总结为“自强十策”，即“圣学宜懋修”“民心宜固结”“言路宜广开”“政务宜崇实”“疆吏宜慎择”“将才宜豫储”“水师宜巡洋”“陆师宜精练”“使臣宜博访”“华商宜保护”等。他一再劝皇帝要“励精图治”，希望光绪皇帝“勤典学以光郅治，纳直言以申士气”“行宽政以固民心，宜近贤人勿亲亵御”“力求自强之道，勉复全盛之归”。这就是马丕瑶在生命之灯行将熄灭时的遗折。

这份遗折写于光绪二十一年九月初八日，遗折写完还未上奏，马丕瑶就撒手人寰，离开人世，享年65岁。

马丕瑶病逝的消息传到北京，光绪皇帝为失去这样一位“百官楷模”而心痛，为此他亲自撰写祭文，以示对马丕瑶的哀悼。在这份祭文里，光绪皇帝对马丕瑶给予了高度评价，称赞他：

鞠躬尽瘁，臣子之芳踪，赐恤报勤，国家之盛典，尔马丕瑶性行纯良，才能称职，方冀遐龄，忽闻长逝，朕用悼焉。特颁祭葬，以慰幽魂。呜呼！宠赐重垆，庶沐匪躬之报，名垂信史，聿昭不朽之荣尔。

父亲病逝于广东巡抚任上，马家子弟闻之大悲，马丕瑶第二子马吉樟此时已经身居会典馆汉文总校，受帝命亲自到广州料理父亲后事。最后马吉樟扶柩北归，将父亲带回到安阳老家，一代贤臣马丕瑶终于回到了魂牵梦绕的故乡，永远地安息在这块生他养他的土地上。

光绪皇帝感其忠诚，特授他“光禄大夫”“振威将军”。

第四章

立家规培育家风

在中国历史长河里，有一种文化现象值得关注，就是许多著名的家族都非常重视家风建设，许多名门望族都留下一些家训、家规之类的文字，以此教育后人、启迪子孙。

许多名门大族，之所以数代、十几代延绵不绝，人才辈出，除了勤奋努力，注重治家，关注家风培育也是一个不容忽视的原因。

安阳马家，在马丕瑶入仕以后，就开始思索子女的教育问题，思考着家族兴盛的问题，为此在为官之余，在家训家规制定上，在家风传承上，马丕瑶不遗余力。在偌大的马氏庄园里，处处凸显出别具风格的马氏家风。

第一节 《约斋铭》里说人生

同治十年（1871年）冬天，41岁的永济县知县马丕瑶再一次来到敬敷书院，在这里，马丕瑶反思了他四十年的人生经历，写下了741个字的《约斋铭》。这就是后来马丕瑶家族的十二条家训。

家训的历史可谓久矣，传说大禹为了教育儿子启曾写过《五子之歌》，被人们认为是中国最早的家训，不过这只是传说，但这至少可以说明人们很早就开始重视家训的作用。真正的家训是周代以后的事，有文字记载最早的家训应该是《周公家训》，之后家训作为对子孙立身处世、持家治业的教诲不绝于书，并成为中国传统文化的一部分，对个人、家庭乃至整个社会都有良好的作用。

翻检史书，我们发现一个很奇特的现象，凡是有名的家训诸如《颜氏家训》《朱子家训》，这些文字均出自名门、名家之手，凡是历史上著名的家族都或多或少留有家训之类的文字，训诫子孙。其实大多数家庭，都有教育子孙后代的家训，只不过有些家训形成了文字，有些家训没有文字留存，只是口耳相传。不管怎样，在中国传统社会，每一个家族都很重视家庭教育，都对子孙后代倾注了极大的心血，希望子孙后代少走弯路、飞黄腾达。

马丕瑶也不例外，出身于普通人家的他，在未考取进士跻身官场前，信奉的是耕读持家。耕作是生存的本钱，只有辛勤耕作才能保证生命存在；读书是传统社会改变身份和地位的唯一渠道，只有书读得好，才有可能通过科举跻身官场，进而光宗耀祖，改变家族的命运。马丕瑶是通过读书——科举改变自己命运的人，在官场历经多年后，他开始总结人生，把自己的为官心得和人生体验形成文字，留给子孙，以此保持家族的长盛不衰，确保马家子弟代有人才出。

同治七年（1868年），马丕瑶从平陆知县调到永济县做知县。一到永济，马丕瑶就亲临永济县著名的书院——敬敷书院参观访问。

敬敷书院，是永济县有名的传播儒家文化、培养人才的地方。在马丕瑶未到永济前，敬敷书院虽然存在，但并没有发挥其应有的作用。马丕瑶到任之后，不仅拨出银两修缮书院，而且重金聘请芮城县著名学者薛于瑛前来执教。他对书院寄予厚望，希望能培养出更多国家有用人才，为了表示他对书院的重视，他亲自为书院题写匾联：

道岂求远，缅诸冯，眺首阳；教孝教忠，极千古人伦之至。

文其在兹，亲百姓，逊五品；克宽克敬，括累朝圣学之全。

随后，他只要有闲暇时间就会到敬敷书院，甚至自己亲自上课，教学生儒家典籍，谈自己研习儒家典籍的感悟。他让12岁的儿子马吉樟在书院读书，自己也在书院专门开了书房，以便自己读书、学习、反思。

多年的读书、为官，马丕瑶累积了很多感悟，他觉得有必要将这些感悟写出来，留给自己的后代，这就是后来的马氏家训《约斋铭》。

《约斋铭》是马丕瑶41岁时的感悟所得，诚如他所说的：我活了41年，回顾这么多年的毛病，大多失误在于没有约束自己。现在回想这些往事，总结十二条，写出来贴在书房，这样可以时时提醒自己，免得再犯错误。当然这些个人回顾，也不完全是警醒自己，也希望马氏后人能以此为准绳，在人生的道路上时常加以对照，有则改之，无则加勉。

马丕瑶撰写的十二条家训，涉及人生的十二个方面，比如如何对待功名，如何治家，如何读书，如何应酬，如何交际，如何对待享受，如何对待钱财等，所有这些内容都是一个人在社会生活中不可避免的，处理好这些问题，就会少走弯路，赢得人生；处理不好这些问题，可能蹉跎岁月，贻误人生，给个人、家庭、社会、国家带来麻烦。

在这十二条家训中，第一条“戒色”：

嗜欲之中色易淫。汝年将半百，而犹有童心。忘生徇欲耻孰深，约约寡欲精神爽，乐在这里寻。

在马丕瑶看来，“嗜欲之中色易淫”。就是说在人的所有欲望中，色欲最害人，沉湎于美色，贪图美色，最容易使一个人走向邪恶，就会滑向道德的深渊，甚至走向犯罪道路。做一个正直良善的人，做一个有道德、品行端庄的人，必须戒色。“忘生徇欲耻孰深”，一个人如果为了满足个人的色欲不顾一切，那是最耻辱的事情了。那么人生的快乐在哪里呢？在马丕瑶看来，“约约寡欲精神爽，乐在这里寻”。约束自己的私欲，不被美色遮迷眼，这样才能心清气爽，得到快乐。

第二条“功名”：

十年俗吏味亲尝，不学无术空彷徨。悔从前幸博科第，求志欠精详。幸来尧舜故乡，风犹唐魏，治愧循良，辜负吾民父母望。河东山右，空绕一场，约约灰冷了躁进热肠，淡静中讨一个内圣外王。确有主张，勿悠悠碌碌随人忙。

“功名”二字，在中国古代特别受到推崇，作为一个男人，在一生中最看重的就是“功名”。“功名”在古人的眼里不外乎有两义，一是指考取功名，即在科举考试中脱颖而出，考取进士即获得“功名”；二是指获得官职和地位，泛指功业和名声，也就是我们今天所说的事业有成。《三国演义》第四十五回《三江口曹操折兵，群英会蒋干中计》有云：“丈夫处世兮立功名，立功名兮慰平生。”道出了一个男人一生应努力的方向和具有的价值。岳飞在《满江红》中大声呐喊：“三十功名尘与土，八千里路云和月。莫等闲，白了少年头。”更是对男人取得功名的最好诠释。

马丕瑶对“功名”二字有自己精辟的见解，他告诫子孙在对待事业上，最可怕的是“不学无术空彷徨”，不论做什么事，不能“辜负吾民父母望”。要有自己的理想和追求，不能随波逐流瞎忙活。

第三条“思虑”：

闲居所为无不至，如马纷驰难防意。试想万起万灭中，何者可以对天地？约约人鬼关头好恶异，幽独审几勿暗肆。

人要经常思考，做什么事才可以对得起天地良心？人立天地间，不能浑浑噩噩，一定要经常反思、自省，这样才能找到差距，找到做人做事方面的不足，这样才能进步。

第四条“笔墨”：

辞达而已矣，立诚在于是。动笔万千言，几字载明理。圣贤之书不得已，愈久愈新简奥里。约约戒虚车，阐要旨，惜墨如金勿浪使。

在中国传统社会，不论是名门望族还是平民人家，耕读持家一直是很多家族的传统。马丕瑶自幼读书，求教、交游于名家大儒，加上十余年的官场磨炼，他对读书、写作有自己的感悟。在他看来，读书做文不仅仅是言辞达意，关键是要心诚。动笔万千言，其中有多少字是在讲述、阐明道理呢？写出的文章如果没有新意，没有表达的思想，写得再多也无用。圣贤的书就是言简意赅，蕴含道理。越读就越有新体会、新收获。因此作文要阐明要旨，惜墨如金。

第五条“言语”：

心存言少，不存则多，亦思缄口，奈易放何。忍之复忍，躁渐消磨，约约安闲默，尚谦和。议论风生，须防舌剑起风波。

在许多家训中，有关人际交往过程中如何掌握语言分寸的有很多，这是中国人在长期的人际交往过程中的经验积累，表现了古人的社交智慧。在官场上历练了十余年的马丕瑶，深知言语的重要性，在《约斋铭》中一再提醒后人注意言语，“言多必失”，在众人面前说得越多，表面上看能博得善谈的美名，但这样也越容易出现口误，因此得不偿失，这就是马丕瑶一再提出的“心存言少，不存则多，亦思缄口”，提倡在公开场合和人际交往中，沉默谦和，千万不可议论风生，一定要防止因为口舌之争引起不必要的风波。

第六条“处家”：

继慈即娘亲，孝须十分真。糟糠妻，莫轻嗔。婢收勿弃，尤戒厌故喜新。儿辈严课读，也要善诱循循。约约家之本在身，不修己，难责人，何以使伦理正？族党化，童仆驯，雍雍肃肃，和乐一家春。

处家就是治家，就是如何处理家庭成员的关系。中国人历来重视家庭的和谐和睦，强调孝道伦理，理顺父子、夫妇、兄弟之间的关系。儒家强调“修身、齐家、治国、平天下”，把齐家放在很重要的地位。在家庭关系上，孝道是最重要的，对于亲生父母要尽孝道，对于继母同样也要尽孝道，所以马丕瑶提出“继慈即娘亲，孝须十分真”。夫妻要和睦相处，举案齐眉、恩恩爱爱才是夫妻陪伴的密码，因此对于妻子不要动不动就大声责骂，更不能轻易施加暴力，这样会影响夫妻感情。马丕瑶最讨厌喜新厌旧，见异思迁。在子女的教育上，马丕瑶特别重视并严加督促，同时强调要循循善诱。治家之本首先在于自身，“不修己，难责人”。只有家庭和睦，才能使整个社会风清气正，“雍雍肃肃，和乐一家春”。

第七条“生业”：

有屋数椽，灯红照读。有田两顷，野绿催耕。但能克勤克俭，可免呼癸呼庚。约约退步想，勿求赢。心足福清，桃花源里听三声。

生业就是持家，在马丕瑶的理想里，他不求家业有多大，也不求子孙有多富。他恪守的还是耕读传家的理想生活方式，有几间房产，有几顷良田，一家人耕读自娱，“心足福清，桃花源里听三声”，那是多么美妙的生活。如果一味追求财富，总想着成为富甲一方呼风唤雨的人物，凡事争强好胜，追求财富的最大化，那么劳心劳神，带给自己的也必定是身心疲惫，享受不到人生的乐趣。

第八条“银钱”：

宝蚨飞，债猥积，勾稽茫然，笑煞痴颠。究竟得金占艮当知止，一金二戈莫腰缠。盈虚消长，这个大算盘，操自青天。约约丈夫，穷且益坚。唯守节用之道述尼宣。

对于金钱财富应该采取怎样的态度，自古以来很多人在这方面头撞南墙，身名俱毁。有些人为了获得金钱，不择手段，巧取豪夺，成为金钱的俘虏；有些人视金钱为粪土，甘于清贫，追求人生品德的修养，最后成名立业，成为众人仰慕的楷模。对于官宦人家，在子女教育方面，是富养还是贫养，很多人都没有弄明白，尤其是很多人家尽量给子女提供丰厚的物质条件，而忽视了品德教育，家业败毁，为他人笑。在这一点上，马丕瑶汲取历史教训，为子女立下规条。首先，在对待金钱的态度上，不要一味沉湎于如何获得金钱财富，对于财富要知足，腰缠万贯并不是人生的追求。其次，要明白贫富不是一成不变的，今天你是一个富人，不见得一直就是富人，此消彼长这个大算盘，一定要考虑清楚。最后他一再告诫子女，坚守节用之道才是家庭兴旺的根本。

第九条“享用”：

官气须脱然，物物周全费万千，何补性天？玉注瓦盆同一醉，绣帏莞席同一眠。约约秀才儿，家风休改换。布被暖，菜根鲜，素位乐陶然。

人活世间，衣食住行最为基本，在对待物质上应持什么态度，是关乎人生品德的大问题。在这一点上，马丕瑶有清醒的认识，在他看来，追求物质生活的奢华，对于个人品德一点也没有好处。其实想一想也是这个道理，用玉杯还是用瓦盆，都是为了一醉；锦衣绣帏还是草垫苇席，都是为了一眠。作为马氏子孙一定要记住：布被暖，菜根鲜，素位乐陶然。

第十条“应酬”：

不道学，不神仙，风尘吏，归来暂息尘缘。益友临，虚怀领受；穷亲至，实意周旋；俗客来也，报到：先生出门去，不知在青山郭外，绿水桥边，约约得闲事外，小立花前，养我静中天。

应酬就是社会交际，就是与朋友交往。在人际交往方面，应该注意哪些问题？马丕瑶告诫子孙：朋友来了，要虚怀结交；穷亲戚来了，也要真心实意对待。不攀附权要，不嫌贫爱富，修养天性，不与外物沉浮，保持平常心态，这样人活得才有味道。

第十一条“读书”：

少年名场争角，经史文只供得雕虫刻桷。多杂多浮少精确，无把握。不切身心自修磨，琢读圣贤书，终无觉。从来党祸起儒林，尤戒别户分门相谣诼。约约勿取后日名，行贵庸，理辩驳。但求作一个明白平易人，细读我三纲八条之大学。

在封建时代，“读万卷书，行万里路”不仅是为了增长知识，“书中自有黄金屋，书中自有颜如玉”才是最终的目的。读书为的是入仕，为的是考取功名，光宗耀祖。马丕瑶一个平民人家的子弟通过科举最后进入仕途，所以在教育子女方面，读书依然是他最看重的，也是督促子女最严的。他要求后代只求做一个明白平易的人，认真领会《大学》中的三纲八条。何谓“三纲八条”，就是朱熹在《大学章句》中提出的“明明德”“亲民”“止于至善”三者，“格物”“致知”“诚意”“正心”“修身”“齐家”“治国”“平天下”八项。

第十二条“豪情”：

> 破万里浪乘长风，封侯投笔树奇功。推倒一世之豪杰，气如虹。抑思古来旋乾转坤，轰轰大事业，都酝酿在临深履薄，抑抑小心中。愈收敛，愈优隆。若不从惕厉忧勤阅历磨练出，是为偾事之假英雄。

乘长风破万里浪，投笔封侯建奇功，这是一个大丈夫人生的追求。要想建立一番大功业，绝不能空有豪情万丈，所有大事业都建立于如履薄冰的小心翼翼中，性情越收敛越有可能取得大成就；如果不小心、不内敛，不经过世事磨难，那只是胆大而心不细做不成事的假英雄。

《约斋铭》十二条，既是马丕瑶十余年仕途的经验之谈，也是马丕瑶为子孙后代立下的家训规条。《约斋铭》十二条虽然没有像《颜氏家训》《朱子家训》那么有名，但其中阐述的道理依然有很多值得称颂，尤其对安阳马氏家族近百年的兴盛有着不可或缺的作用。

第二节 严立家规诫子孙

在中国几千年的历史演进中，有一种文化现象值得关注，那就是家规文化。

家规，又叫家法，是家族先辈教导子孙后代为人处世的宝典。其内容涵盖励志、勉学、修身、处世、治家、为政、慈孝、婚恋、养生等方方面面，是传统家庭教育的百科全书，也是保持家族和睦和谐、长盛不衰的宝典。

家训家规，是中国传统文化的重要组成部分，也是家谱中的重要内容，它在中国历史上对个人的修身、齐家、立业发挥着重要的作用，是家国治理的必不可少的一个支点。在社会治理过程中，家训家规和国家法律共同构成治理社会的要件，发挥着稳定社会秩序的力量。儒家一再强调“修身、齐家、治国、平天下”，目标也是从个人到家庭再到国家这样的顺序。如何做到修身、齐家，个人成长和家庭治理就需要有一套行之有效的规范，便于人人遵守，这便是家法家规的最早起源。

家规之所以为世人所推崇，原因在于家规的主旨是推崇忠孝节义，提倡礼义廉耻。在历史上，许多大家族都有家规，这是维持这个家族繁衍生息的基石，如果没有一套规章约束，没有一套礼仪制度，家也就不成为家，更别想让这个家族兴盛延绵几代、十几代。

家规是家族总结出来的文字性东西，可供子孙学习和遵守的东西，也是家族子孙学习的教科书，因此在历史上，许多大家族都非常重视家规提炼。历史上大家族的家规内容包含有如下几个方面的内容：1.注重家法国法。2.和睦宗族乡里。3.孝顺父母敬长辈。4.合乎礼教正名分。5.祖宗祭祀重程序。6.修身齐家。

历史上每一个名门望族都注重家训家规建设，只是表现的形式不一样，有条件的大家族可以形成文字，供后人瞻仰、学习、遵守，没有条件的家庭，也是口口相传，将内容涵盖于平日的生活中，平时的教育中。

安阳马氏家族，在马丕瑶未考取进士进入仕途前，也就是很普通的农村家族，耕读传家，耕作是维持家族发展的主要方式。为了家族能有跻身科场的后进学子，也很重视子女的教育，曾有家规家训在家族中流传，不过这种家规家训表现在口口相传上，没有形成文字，而且也未必是整个家族共有的条规，可能只存在于一家一户中，正式的家族家规还没有形成。到了马家出现第一位进士——马丕瑶，马丕瑶开始像其他封建官宦人家一样，注重家规，并把它镌刻出来，供子女学习。

走进今天的马氏庄园，在中路大门，悬挂着“太史第”“进士第”匾额，进入第二重门，门楣上有“清节皎然”匾额，这四个字是晚清重臣、军机大臣、两江总督左宗棠在光绪七年为马丕瑶题写的，那时候的马丕瑶还只是山西解州知州，一个小小的知州能得到一品军机大臣的题词，实属荣幸，这也反映了马丕瑶在朝中的威望。就在这个匾额下面，悬挂着木刻的马氏家规。

马氏庄园的“进士第”匾额

马氏家规很是特别，与我们所熟悉的历史上的家规不太一样，历史上的很多家规都是家族根据家族特点总结出来的，而马丕瑶利用《易经·家人卦》作为马氏家规。我们今天在马氏庄园看到的《马氏家规》的内容如下：

家人：利女贞。《彖》曰：家人，女正位乎内，男正位乎外。男女正，天地之大义也。家人有严君父母之谓也。父父、子子、兄兄、弟弟、夫夫、妇妇，而家道正。正家而天下定也。

象曰：风自火出，家人；君子以言有物而行有恒。初九：闲有家，悔亡。象曰：闲有家，志未变也。六二：无攸遂，在中馈，贞吉。象曰：六二之吉，顺以巽也。九三：家人嗃嗃，悔厉，吉；妇子嘻嘻，终吝。象曰：家人嗃嗃，未失也。妇子嘻嘻，失家节也。六四：富家，大吉。象曰：富家大吉，顺在位也。九五：王假有家，勿恤，吉。象曰：王假有家，交相爱也。上九：有孚威如，终吉。象曰：有孚威如，反身之谓也。

马丕瑶用《易经·家人卦》作为家规，阐明了如下几层意思。

第一，修身养德。在一个家庭中，作为家庭成员该如何修身，如何加强个人道德修养，如何摆正自己的位置呢？马丕瑶用“女正位乎内，男正位乎外。男女正，天地之大义也”一句话来概括，意思是说，在家庭中男女之间有不同的家庭分工，地位和作用也是不一样的，女人的职责就是操持家务、相夫教子；男人的职责就是在外面勤奋做事、养家糊口。男人和女人的位置和作用严格按照性别来分工，只有顺序摆正，按照规矩严格要求自己，家庭才能和睦，只有这样，家庭成员之间的关系才不至于紊乱。

第二，齐家。“家人有严君，父母之谓也”。意思就是说父母是一家之长，就如同君王，负责管理一家大小事务。治理家庭要严格，国有国法，家有家规，要理顺家庭成员之间的关系，营造和谐的家庭氛围。每一个家庭成员都要尽到自己的责任和义务，父亲尽到做父亲的责任，儿子尽到做儿子的责任，哥哥尽到做哥哥的责任，弟弟尽到做弟弟的责任，丈夫尽到做丈夫的责任，妻子尽到做妻子的责任，各守其道，各尽其责，这样家庭才能安定和睦。

第三，做人言行要一致，修身的关键是言行，说话要有依据，不能人云亦云，人要有诚信，不能说大话。在行动上要有始有终，不能半途而废。

在马氏家规中，用《易经》中《家人卦》的六个爻辞，从六个方面论述了齐家的具体要求和后果。

“初九：闲有家，悔亡。象曰：闲有家，志未变也。”以此说明在家庭成立之初，就要定规矩，防患于未然，这样才不会有后悔的事情发生。否则就会悔之晚矣。

“六二：无攸遂，在中馈，贞吉。象曰：六二之吉，顺以巽也。”教育家庭成员不要追名逐利，要安于本分，只有把自己的分内事干好了，才会获得吉祥。

“九三：家人嗃嗃，悔厉，吉；妇子嘻嘻，终吝。象曰：家人嗃嗃，未失也。妇子嘻嘻，失家节也。”意思就是在家庭内部，没有规矩、没有家法家规，就会生出是非。强调了治家宜严不宜宽。治家严厉，家人虽有怨言，但最终会获得好处。治家不严，没有规矩，就会失去对家人的节制和管理。

“九四：富家，大吉。象曰：富家大吉，顺在位也。”就是说要顺从一家之长的管理，上下有序，老幼有别，才会家庭和睦，大吉大利。

“九五：王假有家，勿恤，吉。象曰：王假有家，交相爱也。”就是说，家长要用高尚的品德来感化教育子女，给子女起到表率作用，这样家庭成员之间才会形成互帮互爱的美德。

“上九：有孚威如，终吉。象曰：有孚威如，反身之谓也。”就是说治理家庭，家长一定要有威望，有威望才能统领家庭成员，这样才会给家庭带来吉利。家长如何树立威望呢？就是要时时反省自己所做的一切。

马氏家训

马丕瑶的马氏家规和传统大家族以儒家思想为内容的家规无二，依据的都是儒家倡导的“修身、齐家、治国、平天下”的理念。事实上，作为传统士大夫，尽管近代社会和封建时代已经有了一些变化，但在马丕瑶心里，传统伦理和封建秩序依然是不可突破的。事实上，马氏后人也是严格按照马氏家规所规定的内容来行事，来担当，马丕瑶子女以及马氏族人在诸多方面均有建树，马氏家规所起到的作用不能低估。

第三节　家训滋润后辈心

家训也好，家规也罢，主要还是训诫后人。家训家规的制定者，无疑是这个家族最有名望的人，只有这个家训家规制定者亲身经历了各种历练，洞悉社会生活的艰难和坎坷，才有可能反省自身，把自己的亲身经历和感悟提炼出来，作为经验和教训留给后代，免得后代重蹈覆辙。

安阳马氏家族，在马丕瑶成为封疆大吏之前，没有成文的家训家规，有的只是马氏家族长辈对后代的言传身教和口头训诫，这些训诫是零散的，不成体系的，也就是在耕、读上训诫后代。耕是本，是家庭生存的根本；读是希望，有在解决生存问题以后的点滴奢望。

马丕瑶通过自身努力考取进士，获得了进入仕途的政治资格。之后他被派往山西，开始了清代官场的最基层工作。也就是从这个时候，他开始思考子女的教育问题，考虑马氏族人的培养问题。他清楚，在一个讲究等级、讲究门第的社会，要想子孙后代续写荣华，那必须在家族中培养后继者，也只有马氏家族代代有能人，代代出进士，才有可能书写马家的辉煌。如何培养马家后人，如何让马家续写辉煌？马丕瑶从踏入仕途那天起就开始思考，开始对后辈进行潜移默化的影响和指点了。

一、春风化雨寄笔端

马丕瑶外出作官，从1862年开始直到1895年生命的最后时光，不论身在何处，他身边总有几个家人陪伴，要么是侄儿，要么是儿子。在为政之余与家人共处，既享受天伦之乐，也有机会督促子侄勤学深思。马丕瑶还将自己的为学、为政、为人、处事的感悟传授给他们，涓涓细流汇成长河，马氏家风时时刻刻都在影响着他们。

最能体现马丕瑶对家风建设和对马氏后代教育的重视的，除了以身作则、率先垂范，亲自督促外，还体现在马丕瑶写给子侄辈的书信上。春风细雨，娓娓道来，既流露出马丕瑶对后代晚辈的期许，也体现了他对后辈的谆谆教诲。

最初在山西做地方知县时，马丕瑶的几个孩子年龄还比较小，如1862年赴山西任职时，长子马吉森只有四五岁，二子马吉樟才两三岁。按照大清律，官员在外为官，家有父母，嫡妻必须留在家中伺候老人，教育子女，不能随夫外任，也就是家眷一般是不能带的。很长一段时间，陪伴在马丕瑶身边的是他的侄儿马吉栋，马丕瑶对这个侄儿也倾注了很大心血，督促他学习，督促他练习诗文。在马丕瑶的诗作中，有很多篇是写给马吉栋的，这些诗篇集中体现了马丕瑶对晚辈的教育思想。

同治壬申（1872年）七月，马丕瑶丁忧在家为父守孝，马吉栋也随叔父回安阳西蒋村，他将自己最新的一篇诗作交给叔父，请他指点，马丕瑶看了吉栋的诗作，感觉“颇知苦思，殊少松秀”，意思是说尽管马吉栋的诗作下了一番苦心，但还是缺少松秀之美，于是就写了这首诗，希望通过文字来指点吉栋的写作。

示从子吉栋①

想入非非以苦心，诠来总未十分真；

芙蓉水际天然秀，杨柳风前穆若春。

正笏垂绅瞻厥度，轻裘缓带是何人？

理明辞达无他巧，一点灵光照处神。

在这篇诗作中，马丕瑶首先提出写作不能把自己关在书房里苦思冥想，这样，即便下苦功写了出来，也不是自己真心实意要表达的。诗文最终的目的是要达到自然状态，这种状态就像“芙蓉”在湖面呈现的“天然秀”，像“杨柳”随风飘荡表现的初春的状态。诗文写作除了要自然流畅，还要有思想，“正笏垂绅瞻厥度，轻裘缓带是何人？”说的就是诗文写作像大臣面见皇帝一样庄重严肃，从容镇定。一篇好的诗作达到理明辞达，没有其他诀窍，“一点灵光”显得尤为重要。

在赴太原任职前，马丕瑶又写了一篇诗作《示儿侄吉栋》，表达了马丕瑶对后代的希望和期待。

---

① 马丕瑶：《珠溪文存》，见《马中丞遗集》。

示儿侄吉栋[1]

能言即从叔，于今已廿年。西游汾水曲，南涉首阳颠。阅历尝甘苦，不为俗情牵。吾族半愚鲁，幸子尚娇然。书香望汝继，早著祖生鞭。汝弟皆年小，倡率雁行先。康成不世出，两代受经传。汝曹春风坐，殷殷书带聊。字学程子敬，紫阳戒放妍。少陵圣诗律，豪逸白也仙。文章班缜密，疏宕参马迁。此心无滓滞，理境极澄鲜。清华朗润中秋月，蕴藉风流自在天。汝兄倍勤苦，家事努力前。门内雍而肃，惓怀棠棣篇。男儿千古志，淡静旋乾坤。才大心须细，如珠九曲穿。勿指人瑕疵，汪汪若涵渊。勿矜言倔强，万物成一圆。读书为通儒，器识乃无偏。不然曲士与拗相，贻诮拘迫僻且坚。太原行将别，与子意缠绵。呜呼！《小学》《近思》，入道之门路，汝且勉力，希圣而希贤。

在这篇诗文的前半部分，马不瑶对自己这个侄儿表达出无比的喜爱和感激，吉栋从能说话就跟着他，叔侄相伴已经二十多年，不管在汾水河畔，还是首阳山巅，尽管历尽辛苦，吉栋一点儿也没有怨言。我们马氏家族大半愚鲁，没有文化，幸好有这个孩子聪明伶俐。吉栋有才能，希望早日成才。吉字辈兄弟年龄还小，希望吉栋能带好头，“康成不世出，两代受经传。汝曹春风坐，殷殷书带聊”。

在诗文的后半部，马丕瑶对吉栋进行谆谆教诲，包括应该学习哪些诗文、如何持家、男儿志向、为人处事、读书通儒、学习门径等方面，可谓

① 马丕瑶：《珠溪文存》，见《马中丞遗集》。

马丕瑶家教的系统论述。如何学习诗文："字学程子敬，紫阳戒放妍。少陵圣诗律，豪逸白也仙。文章班缜密，疏宕参马迁。"如何持家："汝兄倍勤苦，家事努力前。门内雍而肃，惓怀棠棣篇。"关于男儿志向："男儿千古志，淡静旋乾坤。才大心须细，如珠九曲穿。"为人处事："勿指人瑕疵，汪汪若涵渊。勿矜言倔强，万物成一圆。"读书通儒："读书为通儒，器识乃无偏。不然曲士与拗相，贻诮拘迫僻且坚。"

在诗作的最后，马丕瑶提出"《小学》《近思》，入道之门路，汝且勉力，希圣而希贤。"其实这是在告诉马吉樟，做学问先从学习《小学》《近思录》开始，这两本书是为学的入门书籍，只有学通了这两本书，熟悉了解这两本书的内容，才可能成为有出息的人，为国家、为社会做出贡献。

《小学》和《近思录》究竟是怎样的书籍，会被马丕瑶抬到这么高的地位。《小学》是南宋大儒朱熹和弟子刘清之合编的一本供儿童阅读的启蒙书，全书六卷，分内外两篇。内篇有立教、明伦、敬身、鉴古；外篇有嘉言、善行。鉴古，记载夏商周三代圣人贤者已行之迹；嘉言和善行记载汉以后贤者的嘉言善行。三个纲目中，最主要的是明伦。立教的目的是明伦，敬身也是为了明伦。何为明伦？明伦即明人之伦，便是明父子之亲、君臣之义、夫妇之别、长幼之序、朋友之信。人之伦理不明则尊卑上下轻重厚薄之序混乱而不可理，所以教者必须以明伦为教，学者必须以明伦为学。因此，朱熹认为本书"后生初学，且看《小学》书，那个是做人的样子"[①]。

《近思录》是南宋大儒朱熹和吕祖谦共同编写的一本书，主要选择

---

① 朱熹：《小学·内第》。

北宋理学家周敦颐、程颢、程颐、张载的学说，内容主要包括君子处事方式、改过迁善、齐家之道、格物穷理、治国平天下之道。马丕瑶把这两本书作为儿童学习儒家典籍的启蒙书籍，可见在马丕瑶的心目中，传统儒家教育思想占据着重要地位，作为中国传统士大夫的马丕瑶希望马氏后人学习儒家文化，走科举兴家之路，他寄希望有更多的马氏后人能科举高中，光耀门庭。

除了和他有极深感情的马吉栋，对其他子侄辈，马丕瑶同样寄予厚望，在给这些晚辈的书信中、诗作中，他同样教导他们如何读书、如何明理、如何做人。

他赴山西太原任职前，作《壬申九月将有太原之行留示大侄吉福》诗给大侄马吉福，嘱咐他要好好持家，在为人处事等方面应该注意的事项。

壬申九月将有太原之行留示大侄吉福[①]

汝曹尔为长，倡率一家人。

处乡要和睦，九族本一亲。

怒时需忍耐，见利防害身。

做事退步想，以屈而能伸。

勉之哉！

读书第一传家法，教训诸弟耐苦心。

在这首诗中，马丕瑶一再告诫马吉福，作为马家吉字辈后代，你年龄最大，一定要起到表率作用。要和睦乡邻，团结九族。生气的时候一定

① 马丕瑶：《珠溪存稿》，见《马中丞遗集》。

要忍耐，看到利益要想想是否对自己有害。凡事一定要退一步，能屈才能伸，退一步海阔天空，能屈能伸真英雄。这几点务必牢记。一定要记住“读书第一传家法”，在教导兄弟们读书时一定要有耐心。

在《并门感怀并勖儿辈》中，马丕瑶表达了同样的思想。

并门感怀并勖儿辈[①]

十年俗吏多惭我，半世痴人只信天。

宦累方知贫贱乐，书香惟望子孙贤。

汝曹勿染风尘迹，勉作蓬莱第一仙。

马丕瑶寄希望马氏后人多读书，少染社会恶习。他希望后代安贫乐道，做一个有理想有道德情操的人。

从上面我们可以看出，马丕瑶对马氏后代的教育多侧重于读书，强调的是对后辈德行的培养。

二、千叮万嘱慈父情

马丕瑶长期在外为官，很少回家。家中还有年迈的父母以及年幼的儿女，作为儿子，作为父亲，作为丈夫，马丕瑶对这个家饱含着热情，但他无法回到家里，伺候年迈的父母尽孝道，享受夫妻团圆、儿女绕膝的天伦之乐。他抛开个人的幸福，为国尽忠，为更多的百姓谋福利。

作为父亲，马丕瑶十分关注子女的教育问题。有时候他会把年长的孩子带到身边，言传身教，督促学习，扮演了一个严父应有的角色。大多

① 马丕瑶：《珠溪存稿》，见《马中丞遗集》。

数情况下，子女不在身边，他会通过书信和诗作来教育孩子，包括如何读书、如何为人等。

同治十三年（1874年），马丕瑶丁忧期满，被朝廷授永济知县。赴任前，他给留守在家的长子马吉森作诗一首，其中包含了父亲对儿子的殷殷教诲。

示大儿吉森①

首孝悌，力田园。
早完国课，谨守家垣。
长幼雍肃，怡然乐桃源；
学书公艺忍，莫听妇人言。
暇时写字读《小学》，休管外事长嚣喧。
醒之哉！
有人说你不好，是良药，要耐烦。

在这首诗中，马丕瑶训诫儿子在家首先就是孝顺长辈、和睦兄弟；其次就是要“早完国课”，不管再忙，每天的功课一刻也不能放松，谨守家规。在处理家庭关系上，要学张公艺“以忍治家”的家风，不要听信巧嘴舌妇的胡言乱语。平时写字多读《小学》，不要管外面乱七八糟的事情。他一再提醒儿子，有人当面夸奖你，说你好话，一定要小心；有人说你坏话，也不要恼火，这是良药。

同时，他也给二儿子马吉樟留书一封。他知道自己这个二儿子颇有才

---

① 马丕瑶：《珠溪存稿》，见《马中丞遗集》。

华，是读书科考的料，马家能否再续辉煌就要寄托在这个儿子身上，所以他对马吉樟的嘱托又是另外一番景象。父亲对每一个儿子都非常了解、因材施教，这也是马丕瑶家庭教育的方法。

示二儿吉樟①

立志追希文，学垂三不朽。
多读有用书，少交无益友。
文章贵经余，虚车最为丑。
古人惜分阴，惶惶唯恐后。
一敬胜百邪，一诚包万有。
汝父望汝成，如泰山北斗。

这首诗不同于其他写给子侄辈的诗作。在其他诗作中，马丕瑶多是教导子侄们要多读书、谨孝悌、如何为人等，但在这首诗中，马丕瑶对儿子的期许更大、更丰富，完全是把自己一生的希望寄托在儿子身上。

他叮嘱儿子事业上立志追随范仲淹，以天下为己任，“先天下之忧而忧，后天下之乐而乐”；为学要以“三不朽”为原则，即在立言、立德、立功上有所作为。在读书上尽量多读一些有用书，读对自己道德修养有价值的书，也就是儒家典籍；在交友上，更要慎重，尽量少交那些对自己成长没有好处的人。做文章应旁征博引，言之有物，哗众取宠最为不齿。珍惜光阴方面，古人最珍惜的是时间，唯恐落后。在人生态度上，诚心诚意可以“胜百邪”“包万有”。父亲对儿子的最大期待就是希望儿子能尽快成

① 马丕瑶：《珠溪存稿》，见《马中丞遗集》。

就事业，如同泰山北斗一般受人景仰。

光绪四年十二月，随父在山西解州读书的马吉樟要准备来年的北京会试，不得不告别父亲，回老家安阳准备应考。时值隆冬大雪，马丕瑶作《腊月初十日大雪樟儿由解旋里入都会试作此教之》送别儿子。这首诗充满马丕瑶对儿子的谆谆教诲，也体现了他对儿子的殷切希望。

才别汴梁又解梁，河东绕历递安阳。
父兄师友资磨砺，险阻艰难要备尝。
大雪寒澄清心胆，春风和气入文章。
贤豪世业无他术，淡静垂书忆武乡。[①]

光绪十三年（1887年）二月，马丕瑶被授贵州按察使。这一次南下任职，马丕瑶所带的随从中，就有自己的三儿子马吉梅。父子一路辛苦，从京城南下入黔，在贵州没有待多长时间，马丕瑶又被任命为广西布政使，父子一行又从贵州赶往广西桂林。光绪十四年，马吉梅要回河南参加乡试，不得不告别父亲只身返回安阳，马丕瑶为此专门作诗《戊子仲夏三儿回汴乡试作此勖之》以兹鼓励。

汝年二十三，少小性半憨。近今颇开悟，庄游是儿男。
随我行万里，历练资饱谙。燕冀豫秦晋，蜀黔及粤南。
世路经险阻，人情当苦甘。欣逢良师友，八桂犹芳探。
观光旋梁苑，文章静中参。雄秀衡岳仰，汪洋洞庭涵。
山川增奇气，学如鸡蹠贪。起居慎饮食，沉默戒妄谈。

---

① 马丕瑶：《珠溪存稿》，见《马中丞遗集》。

归亲乡先达，戚党乐且湛。桑梓必恭敬，执雌宗老聃。
谦益满招损，纨绔人不堪。场规须详问，妥帖置考量。
特遣二力往，善遇多包涵。西铭授图说，天地民物含。
每日宜三复，纯醪味醰醰。见大心自泰，宇宙身荷担。
入门不由此，成材非杞枏。琅琊竹常报，月华印清潭。[①]

在这首诗中，我们强烈地感觉到了马丕瑶对三儿子马吉梅的关心。23岁的马吉梅为了照顾父亲，从北到南行程万余里，不论从身体还是心理上都得到了一定的历练。这次行程，他从北京一路南下，横跨北京、河北、河南、山西、陕西，穿越四川、贵州又南下广西，历经人世艰难险阻，饱尝人间辛酸甘苦。虽然旅途辛苦，各地风土不同，但他也有不少收获，沿途拜访了不少良师益友，饱览了祖国大好河山，增长了不少知识，这对马吉梅也是一次难得的人生历练。因为回乡参加乡试，他不得不告别父亲。以后的路该如何走，作为父亲的马丕瑶对儿子的前程也是无比的关心，在这首诗中，马丕瑶对儿子的殷殷关切跃然纸上。他告诫儿子，在日常生活方面，起居饮食要小心；在社会交往方面，要沉稳不要胡言乱语；回到家乡，要和睦乡党，友善亲戚；对家乡父老，一定要恭敬。他教诲儿子，一定要懂得“谦受益满招损”的道理，纨绔子弟的习性要不得。关于考试，他说，一定要遵守考场规矩，考试需要的文具一定要准备妥帖。为了儿子的科考，作为父亲不能亲临照顾，特安排两名得力朋友帮助，希望儿子要善待这两个人。从诸如此类的细节，我们可以看出马丕瑶对儿子无微不至

① 马丕瑶：《珠溪存稿》，见《马中丞遗集》。

的关心，可以看出年过半百的马丕瑶的舐犊之情。

马丕瑶不仅是对儿子的前途、人生如此关心，他对女儿也是呵护有加，从不同侧面严加教育。马丕瑶一生共养育四儿三女。四儿即马吉森、马吉樟、马吉梅、马吉枢，三女中长女马青梅、幺女马青霞稍有名气。马丕瑶四儿三女中，马吉森、马吉樟、马吉梅以及长女、次女为马丕瑶嫡妻李氏所生，四子马吉枢和三女马青霞为侧妻呼延氏所生。尽管这些孩子不是同一个母亲所生，但兄弟姐妹亲密无间，感情融洽。

同治十三年，马丕瑶丁忧期满，重新接受朝廷委派赴山西任职。在离开之前，他给已经出嫁的女儿马青梅修书一封，在这封书信中马丕瑶对女儿的关心和呵护表露无遗。

寄示汤氏女[①]

四男并二女，汝性淑且良；少小读父书，母教亦娴长。今年十八岁，于归邺城汤；清风无长物，不作嫁衣裳。含笑出门去，荆布胜珠珰。每逢归宁日，宜室喜徜徉。犹携梅花扇，庭训记蒲阳。行将太原别，拳拳寄语详。夫祖七十二，福荫寿而康。承欢期养志，全家托余庆。事舅如事父，事姑如事娘。殷勤相夫子，举案学孟广。和谐诸姊娣，羹遣小姑尝。挑灯完针黹，入厨议酒浆。小学并女诫，有暇温数行。旋时教诸弟，勤学勿怠荒。我本山右吏，男儿志四方。胸怀消滞累，眠食称安强。策马太行顶，驻足井门旁。时报平安竹，雁函度衡漳。远道勿来送，勉力奉高堂。

① 马丕瑶：《珠溪存稿》，见《马中丞遗集》。

从这首诗中，可以看出马丕瑶对长女马青梅很是喜爱，在他的眼里，自己的爱女性格温顺、品行端良，从小熟读父亲指定的书籍，聆听母亲的教诲。十八岁出嫁到安阳汤家，对于娘家没有奢华的嫁妆陪嫁丝毫没有怨言，“含笑出门去，荆布胜珠珰”。他告诫女儿，为妇之道一定要遵守，孝敬公婆要像孝敬父母一样；夫妻之间要举案齐眉，互相关心，相夫教子是女人应有的品德；在婆家要搞好姐妹、妯娌之间的关系，姑嫂关系甚为重要，要像对待自己的姐妹一样对待小姑子；作为媳妇，要恪守自己的本分，挑灯纺织、下厨做饭不要有怨言；作为官家的千金小姐，在节操上要不断修炼，《小学》和《女诫》这样的书籍，有空的时候每天多温习几行；作为婆家大嫂，平时要承担起教育诸弟的责任，督促他们不要荒废学业。

在这首诗的最后，马丕瑶告诉女儿，自己又要出远门履新职，自己非常想念女儿，但不希望女儿远道来送，只希望女儿“勉力奉高堂”，不管父亲走到哪里，只要女儿幸福就心满意足了。

马氏家教，严厉而又充满温馨，从我们所摘录的父子、父女的家书中，也能感受到马氏家训的厚重和温情。

三、虽贫亦要读书

光绪六年，已经担任了三年解州知州的马丕瑶作出一个决定，他将自己多年积攒的俸禄拿出来，开始在西蒋村建造自己的宅院，这就是我们现在所能看到的“中原第一官宅”——马氏庄园。不过我们今天看到的马氏庄园历经近半个世纪才建成，马丕瑶在世的时候只建成了正殿以及中路和西路建筑，其他的建筑一直持续到民国年间。

在这些建筑中，除了供马丕瑶家人居住的建筑，还有马氏家庙、马氏祠堂、马氏义庄和马氏义塾。这些带有慈善性质的建筑，最能体现马氏家风的风范，也是马丕瑶多年梦寐以求的愿望。

马丕瑶出生在普通家庭，他之所以有今天，全在于刻苦读书。他深知读书改变命运的道理，因此在做官以后，他对教育的重视一刻也没有放松。在山西二十余年，每到一处他都对当地的教育投入巨大的心血，修缮书院，聘请名师，为的是给当地的学子提供最优越的读书条件，为国家培养更多的人才。尽管长期在外为官，他一刻也没有放松对子女的教育，在书信往来中，他总是督促自己的子女刻苦读书。

给子女提供优越的读书条件、营造浓浓的读书氛围也是马丕瑶放在心上的事情。在马氏修造的宅第中充分体现了这一点。

到光绪十一年，经过五六年的建设，马氏宅院头进院建成。头进院正房是克己堂，取之于《论语·颜渊》“克己复礼为仁”。在克己堂正门两侧，有马丕瑶亲自书写的楹联：“与有肝胆人共事，立身立业；从无字句处读书，明理明心。”东进院的东房，也就是马丕瑶的住宅，大门两侧亦有马丕瑶书写的对联：“一等人忠臣孝子，两件事读书耕田”。二进院求知堂，是马丕瑶的书房，书房的两侧有对联“处世无他莫若为善，传家有道还是读书”。马丕瑶最初修建的宅院，无不凸现出马丕瑶的建宅目的，“读书”二字最为明显。生活在这样具有浓厚氛围的宅院中，书香气四溢，能近距离感受读书明理、读书传家、读书经世的书香韵味。

最能体现马丕瑶重视子女教育行为的莫过于他修建私塾。私塾是古代私学的一种，是青少年读书接受教育的场所。清代私学尤为发达，几乎遍布城乡各地。就私学种类而言，一为官宦和富贵之家聘请名师在自己家中设馆授徒，教读子弟，称教馆或坐馆；二为乡村、宗族捐助钱财、学田，聘师设塾以教育本村、本族贫寒子弟，称村塾、族塾；三为塾师私人设馆收费教授生徒，称门馆、家塾、学馆、书屋。塾师多为落第秀才或老童生，有一定的儒学教养。私塾所收学生年龄不限，自五六岁至二十岁左右不等，其中以十二三岁以下的居多。学生人数视情况而定，少则一二人，多则三四十人。

马丕瑶在庄园开办的私塾，显然属于第一种情况，所收学生除了自己的子女，就是西蒋村马氏族人的后代。马氏私塾，分为东塾和西塾。东塾是男孩子学习四书五经的地方，相当于今天的学前教育和小学教育；西塾是女孩子学习的地方，专供马家女孩子学习花红刺绣、《女诫》。用途不一样，对象不一样，自然学舍陈设也不一样，东塾明显比西塾要齐全一些。

在马氏庄园读书楼楼内檐有“澹静堂”三字，外檐有“读书楼”三

读书楼

字。前檐两侧有联云："有钱莫喜考武，虽贫亦要读书"。"澹静"者，淡泊恬静安然之意，体现的是一种"非淡泊无以明志，非宁静无以致远"的处世方式。"有钱莫喜考武，虽贫亦要读书"体现了马丕瑶对子女求学路上的谆谆教诲。无论贫穷与富有，读书都是首要之选，读书求学，不能因为家庭贫寒就轻言放弃。这两句平淡无奇的话语，反映出马丕瑶教育子女的独到心法，和风细雨、平和耐心的教育远比严苛训斥更能打动人心。

不是所有马家子弟都有机会登上二楼学习的。只有年满十三岁且学习优秀、有科考潜质的马家子弟才能上楼学习，可以说是一种学习奖励机制。楼上宽敞明亮，但却没有楼梯。原来马丕瑶在修建此楼的时候，故意不建楼梯，若要登上二楼，只能用木梯。每天上课学习，孩子们需要登木梯才能上去，上去以后，木梯被撤去，不到规定时间孩子们是不能下楼的。即便中午吃饭，也是派人把饭菜送上去；中间课休，孩子们通过木梯下楼玩耍、方便，其余时间一概不许下楼。严苛的规约，制约了孩子们的贪玩习性，他们只能待在楼上，除了学习还是学习。

读书楼不仅是马氏家族优秀子弟的学习场所，同时也是马氏家族的阅览室。为了保证马氏子弟能有足够的图书可阅读，马丕瑶出钱四处购买书籍，供马家子弟以及族人阅读。读书楼藏有经、史、子、集等书若干部，"分类核数，刻石镶壁"①，并遴选一名家族子弟负责管理。对于进楼看书的人，也有明确的规定，比如哪一天看哪本书多少页，在课程完成后

① 《中国民间文化遗产·马氏文化集》，海南出版社，2010年。

马氏庄园东塾

“挨次遍览”，有疑问一定要问，如果怕忘了可以抄录一份，看完一本书才能看另一本书，必须告知老师及管理者才能取书，如果私自乱拿书籍，或取回家，或丢失损坏就是违反规定，就要进行必要处罚。

马丕瑶非常重视子弟读书，对于子弟该读什么书，有一定的要求。规定子弟在读书时“非圣勿读，无稽勿听”，学生的课桌上只能摆“四书”“五经”和《小学》《近思录》《纲目通鉴》《太极》《西铭》诸书，其他诸子百家的书籍只能选取精华，别的书籍一般不许阅读。

正是马丕瑶重视家族教育，所采取的诸多措施为马家子弟提供了难得的学习条件，后来马氏族人有百余名后生学有所成，马家私塾、马家读书楼在其中起到了重要作用。马丕瑶的二儿子马吉樟成为安阳马家第二位进士，马丕瑶的女儿近代女革命家马青霞立志投身教育，都是与家庭教育分不开的。

建立私塾，设置读书楼，马丕瑶想的是让马家子弟有一个优越的学习环境。读书学习的硬件具备了，软件更为重要，就是要聘请有高深教养和文化知识背景的儒学人士。没有好老师，又如何能培养出出类拔萃的人才？马丕瑶为了马氏子弟，重金聘请当地有名的士绅郑芸笥为马家私塾先生，教授马家子女读书写字，研习儒家文化典籍。

郑芸笥，晚清时期安阳地区较有名望的文化人，曾考取秀才。清代的秀才，是一种身份的象征，获得秀才可以减免赋税徭役，地方官也对有秀才身份的人给予礼遇，但秀才没有俸禄，很多秀才无法考取举人，只能回到家乡开学馆，以招徒授课为生。马丕瑶年轻时曾拜郑芸笥为师，从郑芸笥那里学到了很多知识，马丕瑶也对这位恩师心存感念。1873年，马丕瑶再赴山西任职，沿途旖旎风光勾起了他无限的思乡之情，回想起年轻时在私塾读书的情景，写下了《怀家塾》这首诗。

小阁云常护，空庭月倍明。
花间无俗韵，竹里有书声。
儿课添灯火，诗吟快雨晴。
经神殷口授，肃肃想风清。[①]

在这首诗里，马丕瑶回想当年在私塾读书的美好情景，“小阁云常护，空庭月倍明”，幽静空旷的私塾小院是那样的优美，至今想起还是那

① 马丕瑶：《珠溪存稿》，见《马中丞遗集》。

么让人怀念；“花间无俗韵，竹里有书声”，在这里读书，没有任何尘世的杂念和纷争，曲径通幽处、竹林潇潇中，只闻琅琅的少年读书声，即便是夜晚，也能看到学子挑灯夜读、吟诗写字的身影，即“儿课添灯火，诗吟快雨晴”。私塾先生端坐学舍，手捧书本，字字句句传授知识，“经神殷口授，肃肃想风清”。马丕瑶回想起自己的私塾经历百感交集，师恩之重，永生难忘。

马丕瑶对恩师郑芸笥心怀感念，在他心里，恩师的栽培之情永生难忘。在《怀芸笥师》一诗中，他表达了自己对恩师的感情。“受业洹水上，春风坐十年。文章本经术，善诱循循然。”想当年自己跟随先生学习，一晃就是十年。在这十年中，刻苦学习儒家典籍，老师循循善诱，让自己茅塞顿开，受益非凡。“作宰遵旧学，不敢负师传”，在自己科考和为官的人生旅途中，思想和言论完全遵照老师所传授的知识，不敢越雷池一步，更不敢有任何异教邪端之念，日夜担心辜负恩师传授的真谛。“远道遣犹子，皤流重结缘”，受朝廷之命，不得不远赴山西履职，但家中的孩子需要有名师教诲，重叙师生之谊，再请先生教授自己的孩子学习。“提携小儿辈，千里何拳拳”，对于恩师不顾年迈，提携教授马家后辈，拳拳厚意无以为报，只有心存感念。“数月不能去，行且瓜期迁。赠别歌一曲，字字珠玑穿”，想在安阳相聚的时刻，师生之间是何等的快哉，知道我要远行，临别之前老师赠歌一曲，字字感人肺腑。“教我相时动，勉我晚节妍”，尽管我已经功成名就，为一方父母官，但老师仍然勉励我要与时俱进，尤其珍重晚节，不能因手中有权，就胡作非为，导致晚节不保，有损一世声名。

马丕瑶对恩师情真意切。马丕瑶功成名就后，又请郑芸笥教授自己的孩子，郑芸笥没有推辞，不顾年老体衰，进入马家，担负起教育马家子女的重任。马丕瑶对先生是无比感激的，当然郑芸笥也没有辜负马丕瑶的重托，1879年，马家二儿子马吉樟进士及第后，马家成就了“一门二进士”的辉煌，这也成为马丕瑶重视家庭教育、严格要求子女读书进取的写照。

第四节　庄园文脉润人生

漫步在马氏庄园，看到错落有致的院落，雕梁画栋的装饰，人们无不惊叹这宅院的雄伟和气派。作为晚清良吏清官，人们或发出这样的疑惑，马丕瑶哪来这么多的钱财建造这座豪华的宅院？参观了马氏庄园，不少人都对马丕瑶"百官楷模"的封号产生些许疑惑。

马氏庄园一景

现今的马氏庄园，是一座由南、中、北三个部分组成的建筑群，占地面积达到两万多平方米，建筑面积达五千多平方米。再看修建于晚清的山西乔家大院，占地面积一万多平方米，建筑面积四千多平方米；河洛康家，历经十二代四百余年努力，建成了宏大的庄园，占地面积十六万多平方米，建筑面积六万多平方米。不论是山西乔家，还是河洛康家，都是晚清时期响彻南北的富商巨贾，他们有这样的财力建造庞大的建筑群，而马丕瑶只是一个朝廷命官，他何来这么大的财力建造这样的庄园？

其实我们无需有太多的疑惑，如果用今天房产的建筑成本来衡量，一个省部级官员无论如何也没有这个财力来建设这样的宏伟住宅，但让我们把目光回溯到100多年前，当时清代官员的俸禄一般包含三部分：俸银、禄米和养廉银。马丕瑶在光绪三年之前，长期担任平陆、永济知县，属于七品官，每年收入俸银45两、禄米45斛和养廉银1200两，一年的收入根据晚清的物价可以购买13万斤大米，而当时一个农民家庭一年的消费水平也就在5两银子，可以说清朝的官员生活水平还是相当高的。按照当时的价格，马丕瑶是有足够条件建造这座庄园的。

从1862年马丕瑶进士及第履职山西，到1880年马丕瑶任解州知州，在长达近二十年的时间里，马丕瑶奔波于三晋大地，忙于政事，虽说贵为五品知州，但家人住的还是原来的老宅。光绪六年，身为知州的马丕瑶开始拿出自己的俸禄建设新宅，这座官宅完全按照《清会典》的规制建造。马丕瑶在世时，分阶段按照大清官员的等级建造府邸，主要部分从1880年开始建设，1885年建成，1883年开始营造庄园西路建筑，1887年开始建设庄园中路建筑，1889年开始建设东路建筑。当马丕瑶大规模建设庄园时，他已经从五品官员晋升到二品官员，每年的俸禄已非小小的七品知县可比，已经有足够的钱财用于庄园建设，更别说他的长子马吉森经商办企业、二

马氏庄园一景

子马吉樟进士及第在朝为官。

马氏庄园不仅仅是晚清官员的府邸建筑的标本，也是马氏家风得以传承的物质载体。全面讨论马氏家风时，马氏家族的历史、马氏家风与家训家规的文字表述以及马丕瑶父子的作为固然是我们要梳理的内容，马氏庄园的匾联也是马氏家风的载体。庄园里，每一栋建筑前面的匾额和对联，都体现了马丕瑶的治家理念和家教原则，同时也包含着时人对马丕瑶的评价和肯定。

马氏庄园共有54块匾额和54副楹联。这些匾联不只是点缀在那些古色古香建筑物前的遒劲飘逸的字林风范，更是飘逸出浓厚家风的文化书香，每一块匾额、每一副对联都蕴藏着马氏家族的精神风貌，今日读来，也依然让人精神爽朗，感受颇深。马氏庄园的匾联文化就像一本厚重的家训巨著，给今人以鼓励和鞭策。

一、“耕读传家”是法宝

作为一个封建大家族，马丕瑶深知读书对人的发展、对家族发展的重要性，在“万般皆下品，唯有读书高”的时代，读书对于一个人、一个家族的重要性不言而喻，只有刻苦读书，才能博取功名，才能光宗耀祖；只有形成家族读书传家的优良家风，这个家族才能世世代代昌盛不衰。在马氏庄园54副楹联里，13副直接有“读书”二字。耳濡目染，时时熏陶，读书浸入了他们的生活，形成了一种习惯，成为了他们的家风。

一等人忠臣孝子，两件事读书耕田。

此联位于马氏庄园马丕瑶旧居修身堂的立柱两侧，简单明了、质朴无华的语言折射出马丕瑶倡导的家风，那就是作为马家子弟，在做人方面的最高标准就是做一个忠臣孝子，对国家竭尽忠诚、无怨无悔，对父母孝顺关心、倾其所有；在做事方面，读书是立身之本，勤于读书、丰富自己，才能为社会做出应有的贡献；耕田是生存之本，只有恪尽职守、任劳任怨，才能劳有所获、立足社会。

处世无他莫若为善，传家有道还是读书。

此联位于马氏庄园求知堂两侧，“求知堂”三字为晚清八旗状元崇琦书写。此联道出了马丕瑶家族家风的两个关键词，一是“善”，即为人处世要与人为善；一是“书”，传家的法宝没有其他，就是读书。一“善”一“书”，子孙后代长期恪守，那么家族就不会不兴旺。

修身堂

“求知堂”匾额

春耕秋收农家事业，诵诗读书儒人高风。

此联位于马氏庄园致善堂两侧。“致善堂”三字出自“西泠印社”创始人之一、现代书法篆刻家王福庵手笔。此联高度浓缩了马丕瑶家族秉承的教导子弟耕田、读书的家训规范，告诫子孙只有勤于春耕秋收，才能获得人生的丰硕果实；刻苦咏诗读书，才能造就学富五车的高贵人格。

有钱莫喜考武，虽贫亦要读书。

此联位于马氏庄园读书楼二楼门口两侧。“读书楼”三字系晚清军机大臣、著名书画家翁同龢手笔。此联挂于读书楼门口，是在告诫马家子弟，读书很重要，无论贫穷还是富有，都要读书。

“读书楼”匾额

多读有用书，少交无益友。

此联位于马氏庄园读书楼内。此联出自马丕瑶写给二子马吉樟的一首诗。“多读有用书”告诫子女读书很重要，但不是所有书都有价值，一定要选择对自己成长有用的书来读。当然，在马丕瑶看来，所谓有用书还是儒家典籍。“少交无益友”告诫子女在选择朋友方面要慎重，凡是对自己学问进步、品德修养、事业发展没有好处的人，避而远之，交友不慎会贻害无穷。

百年燕翼惟修德，万里鹏程在读书。

该联位于马氏庄园厅堂内。由民国书法大家于右任题写。“燕翼”，语出《诗经·大雅》“贻厥孙谋，以燕翼子”，比喻长辈为子孙未来谋划、打算；“鹏程”比喻前程非常远大。此联多见于大家族的书房、厅堂，目的就是告诫子孙后代，即使有长辈的谋划，祖辈的庇护，子弟仍要勤修德行；想要继承祖业，鹏程万里，光宗耀祖，必须勤奋读书。

读书身健方为福，种树花开总是缘。

此联位于马氏庄园读书楼楼内，与其他楼内对联构成了教导马氏子孙修身养性的精华。此联意在告诫子孙，读书固然很重要，但是身体健康也不容忽视，只知读书不重视身体锻炼，病怏怏的身体又如何能坚持读书？只有勤于读书又有好的身体，这才是福气；种树是个人的努力，如果没有好的机遇也不会开花，所以成功需要努力，也需要机遇。也就是说该努力时一定要努力，没有努力即便遇到机遇也不会成功。读书是成功的基础，不读书、没有文化，即便机遇摆在面前，也是不会成功的。

继祖宗一脉真传克勤克俭，示儿孙两条道路惟读惟耕。

此联位于马氏庄园嘉树堂两侧立柱之上，可以说高度概括了马丕瑶家族的家风精髓，昭示着几百年来马氏家族的传统就是勤奋和节俭。告诫子孙后代既要勤于工作，也要保持俭朴的生活，唯有如此，才能保持家族几百年不衰败；家庭昌盛，唯有两条路可走，就是读书和耕田。读书和耕田，是家族的传统，二者不可废弃。有能力的人通过读书发扬家族传统，不善读书的人勤于田间耕作，也能自己养活自己，不想读书也不想出力耕田的人，到头来只会一事无成。

二、忠孝是为人之本

为国尽忠，为父母尽孝，这是传统社会强调的做人标准，也是千百年来家庭教育的核心。马丕瑶作为晚清重臣，从小深受儒家伦理道德熏陶，对忠孝观念尤为重视，马氏庄园匾联充分体现了这一点，它也从一个侧面反映了马丕瑶的家风教育。

天下无不是底父母，人生最难得者弟兄。

此联位于马氏庄园仪门后面两侧，是马氏庄园里存留的马丕瑶亲自书写的几副对联之一。从这副对联中我们可以清楚地看出马丕瑶倡导的家训要义，这就是对父母要听从、尊重和体谅。他在告诫子孙，父母对子女的爱最伟大、最无私，凡事多听父母的意见，尊重他们的想法，即便有不妥之处，也要理解和体谅，一如既往地孝敬他们。在家庭关系中，兄弟姐妹的亲情是最难得的，处理好兄弟姐妹的关系，将使人生充满温馨，家庭也更为和谐。

马氏庄园仪门

真人品从五伦做起，大文章自六经得来。

此联位于马氏庄园东塾两边，道出了马丕瑶创建东塾的意义所在。东塾是马丕瑶在庄园中创建的私塾，是马家男性子孙的学习场所。创办私塾，不是简简单单教育子孙后代读书识字，而是要培养子孙后代为人处世的原则和道德操守。学习首先从培养人品开始，培养人品的核心是注重五伦教育。五伦就是古人所谓君臣、父子、兄弟、夫妇、朋友五种人伦关系，即“父子有亲，君臣有义，夫妇有别，长幼有序，朋友有信”。人伦中的双方都要遵守一定的“规矩”。为臣的，要忠于职守，为君的，要礼遇臣属；为父的，要慈祥，为子的，要孝顺；为兄的，要照顾兄弟，为弟的，要敬重兄长；为友的，要讲信义；

等等。遵从了这五伦关系，就具有了较高的品格，很多事情都能得到合理解决。

勿徒跪拜趋跄，要体先志守先规，方是敬宗尊祖；

不在富贵贫贱，能做好人行好事，乃为孝子贤孙。

此联位于马氏庄园马氏家庙享堂（聿修堂）内，是马丕瑶口授的一副对联。享堂，又叫祭堂，也叫祠堂，就是供奉祖先牌位的地方。在传统社会，很多家族都建有祭祀祖先的地方，祭祀祖先既是不忘本，也是孝的一种表现。在这里，马丕瑶提出他对祭祀祖先的见解，在他看来，祭祀祖先时的虔诚跪拜、匍匐在地只是孝敬祖先不忘根本的外在表现形式，最主要的是体悟祖先的操守，遵守祖先立下的家规，唯有如此才是真正的敬宗尊祖。无论你是富贵还是贫贱，能做好人做好事，才称得上孝子贤孙。他在告诫子孙，不论贫穷还是富贵，做好人做好事，做一个对家庭、对社会、对国家有用的人，才是最重要的。

正德利用厚生，秀者读，朴者耕，凛凛乎守高曾之矩；

尊祖敬宗收族，升此堂，入此室，油油然升孝弟之心。

此联位于马氏家庙燕翼堂内侧，燕翼堂由晚清抗法名将李秉衡题写。这副对联高度概括了马丕瑶建立家庙的本意。作为马氏族人，聪明者读书为官，淳朴敦厚者耕田守家，不管从事何种职业，都要谨守祖先立下的规矩，耕读传家，永远不能忘却；为了家庭和谐、家族和睦，进入此堂，来到这里，不由自主会产生孝悌之心。耕读传家，孝悌和睦，是马家的传家法宝，人人须遵守。

燕翼堂

子孙要识祖宗心，望后人祗父恭兄勉为孝悌；

富贵常如贫贱日，念前世栉风沐雨历尽艰辛。

此联位于马氏家庙燕翼堂后“毋不敬”匾下。此联告诉我们，马丕瑶建立家庙的本意在于教诫马氏家人，祭祀祖先的根本目的在于让子弟明白马氏祖先的良苦用心，希望后人秉承家训，孝顺父亲、尊重兄长，共同勉励力行孝悌；眼前马家虽然富贵，却也是从贫贱慢慢积累起来的，作为马氏子孙，一定要记住是先人栉风沐雨历尽艰辛，才换来今日的富贵。不忘本，勤勉节俭，是马丕瑶教育子女的家训规约。

教衍经书可绵世泽，人非孝友枉作文章。

此联位于马氏庄园西塾两侧，西塾是马丕瑶专门用来教育女孩子学习的场所。此联告诉后辈，研习儒家经典，吸收儒学精华，可以使家族绵延数代不衰；做人人品极为重要，没有孝顺父母之行为，对人不友善，刻薄刁钻，即便学问再高深，也是不可取的。

三、为人行事有规矩

马丕瑶在给二儿子马吉樟的一封家书中曾再三叮嘱儿子要“立志追希文，学垂三不朽”。何为“三不朽”？就是儒家提倡的“立德、立言、立功”，也就是如何做人、如何修身、如何建功立业，这关乎一个人的道德品格如何培养，应该成为怎样的人，如何实现人生价值。这方面的内容，在马氏家训家规中多有体现。

知春秋大义学成文武艺，效古今圣贤心系百姓安。

此联位于马氏家庙燕翼堂外，高度概括了马丕瑶一生的丰功伟绩，也成为马氏家训的精华所在。此联阐明了马氏家族立德处事的原则。何为知春秋大义？就是人在为人处事方面要明辨是非、邪正、善恶、褒贬，其本质就是个人在群体的社会生活中，在与其他人、周围的环境等产生作用时，在个人行为选择上所遵循的一套行为规范和其背后的思想原则。马丕瑶教育子女在立德行事上要遵循社会道德，明辨是非善恶，这样才能学有所成。如果有朝一日，能够入世为官，就要效仿古代的圣贤，心系百姓，为民请命，这样才能成为好官，人生价值才能得到最大的体现。马丕瑶以身作则，为子女树立了榜样，他成为百姓心目中的“马青天”，成为光绪皇帝眼中的“百官楷模”，就是马氏家风的最好诠释。

读书文道君亲师，立德仁义礼智信。

此联位于马氏家庙澹静堂外面立柱上。概括了马氏家训中对于子女品德情操的要求，就是读书要明白其中的道理，这个道理就是心中要有敬畏感，敬畏谁呢？就是君、亲、师。君者，就是君主、帝王，代表着国家，所以作为读书人、作为臣子，要忠于君，忠于国家，为国家奉献自己的一切，个人利益要服从国家利益。亲，指自己的父母和家族中的长辈，要孝顺父母，孝顺长辈。师者，就是老师，他们肩负着传道授业解惑的重任，是人生的指路明灯，所以要尊师爱师。这副对联的前半部分告诫子孙读书要明白其中的道理，要忠君主，孝父母，尊师长。后半部要求子孙在品德方面的修养，仁、义、礼、智、信缺一不可，也就是要求子孙在立德方面必须按照儒家的五常标准来要求自己。

不爱钱不徇情我这里空空洞洞，凭国法凭天理你何须曲曲弯弯。

此联位于马氏庄园客厅中堂，系马丕瑶亲书。此联最早是马丕瑶初任山西平陆县知县时撰写的一副楹联，挂在平陆县衙大堂。平陆知县是马丕瑶政治生涯的起点，在此后的官宦生涯中，他一直携带着这副楹联，挂在客厅之上，告诉那些想通过歪门邪道有求于他的人，他是一个不爱钱、不徇私情的人，他两袖清风、门清风正，别想通过贿赂让他在金钱面前低头，在他这里办事，他绝对不会徇私情，他是朝廷命官，他要对得起国家、百姓，他办案依据的是国法、天理，即便你有通天本事，有再硬的后台，通通没用。此联体现了马丕瑶的为官之道，也成为马氏家风的标尺，对子女的教育意义重大。

马氏庄园客厅内悬挂的对联

一敬胜百邪，一诚包万有。

此联位于马氏庄园厅堂内，原是马丕瑶1873年赴山西永济任知县时写给二儿子马吉樟的一首诗《示二儿吉樟》的其中一句。马氏庄园建成后，马丕瑶写成对联挂于厅堂。马丕瑶在给儿子吉樟的诗中，告诫儿子不管做什么事，都要谨慎恭敬，为人处世，要诚实忠厚。这也成为马丕瑶子女信奉的家训，影响了马氏后人的人生历程。

世事如棋，让一步不为亏我；心田似海，纳百川方见容人。

此联位于马氏庄园南区三门“敦品”外立柱上，意在告诫马氏后人，处事如下棋，让一步海阔天空，给自己留有余地，不算吃亏；争强好胜，不给自己留余地，可能一时获得满足感，到头来吃亏的还是自己。核心就是要“忍让”。与人交往，要心胸宽阔，要有宰相肚里能撑船的气魄，心胸像大海容纳百川，要有能容人之大量。核心就是要“宽容”。

高朋满座言简意赅海内存知己，群贤毕至履中蹈和天涯若比邻。

此联位于马氏庄园中路二进院和信堂外立柱上，系马丕瑶口撰。这是马丕瑶教导子孙处世行为方面的训诫，此联巧妙地把成语和古诗结合在一起，给人印象深刻，寓意明了。

静以修身俭以养性，入则笃行出则友贤。

此联位于马氏庄园中区西路四进院正房养正堂门前立柱上。“养正堂”三字为清末状元、实业家张謇所题。此联道出了马氏家族教导子孙修身养性、端正品行、交友的原则，意思是说作为马氏子孙，要清心寡欲，要以简朴为原则，以此修身养性；在家要孝敬父母，态度恭顺；在社会上要结交那些正直、大度、博学多才的朋友。

春风大雅能容物，秋水文章不染尘。

此联位于马氏庄园中区西路四进院倒座匾“致善德”的外面立柱上。这是马丕瑶教导子女应具有的气度和胸怀。一个人应具有春风般雅量高远、包容接纳世间万物的大爱情怀；写的文章应如秋水一般清澈明净，不沾染半点世俗尘埃。这种脱俗无尘的境界，是一个人应追求的理想境界和胸怀。

与有肝胆人共事立身立业，从无字句处读书明理明心。

此联位于马氏庄园中区西路头进院克已堂外立柱上。“克已堂”三字选用明末清初书法家王铎手迹。此房原是马家聘请的私塾先生郑芸笥的故居。郑芸笥既是马丕瑶的授业恩师，也是马家子女的启蒙老师，这副对联契合了马丕瑶要求子女尊师重教的精神。马丕瑶告诫子女要和有理想、有抱负、人格高尚的人相处，对于自己修身、立业都有莫大关联；在日常生活中，和“有肝胆人”交往，就可以明白真理、心地广阔，受益无穷。

四、心怀慈善悯苍生

马丕瑶非常推崇范仲淹。范仲淹不仅因为“先天下之忧而忧、后天下之乐而乐”成为后人学习的楷模，胸怀天下苍生的高尚情操感染了无数有志于拯救苍生的读书人，范仲淹首创“义庄”周济族人的壮举也让后来许多名宦效仿，马丕瑶就是其中的一个。马丕瑶在进入仕途之后，体恤百姓，以百姓疾苦为念，处处为百姓着想，因此博得“马青天”美誉。在马氏家族，马丕瑶更是对贫寒族人关爱无比，建立义庄，周济贫穷族人，马氏庄园的楹联也体现出马丕瑶对族人的关爱，对积善的推崇，这对马家后代影响很深，成为马家的家训和家风。

万支本是一身，田制鱼鳞，聊赡我亲疏族党；

富贵敢忘微贱，清分鹤俸，先给他鳏寡孤贫。

此联位于马氏庄园中路西区马氏义庄大门两侧。马氏义庄是马丕瑶专门为收养马氏家族鳏寡孤独的族人而建立的救济机构。此联是光绪十一年义庄建成后，马丕瑶亲自撰写的长联。在他看来，天下马家不论有多少分支，都出自一个祖先，他购买的田地，主要用于赡养马氏家族贫寒人家；现在他虽贵为五品大员，生活条件有了极大改善，但他也不敢忘记贫贱时的艰辛，所以他把自己的俸禄拿出一部分，周济照顾家族中那些鳏寡孤独者，使他们老有所养、病有所医，使他们感受到家族的温暖。马丕瑶心怀族人、周济苍生的做法深深影响了他的后人。

不辱其身，不辱其亲；致爱则存，致悫则著。

此联位于马氏庄园马氏家庙聿修堂外，是马丕瑶口撰的一副对联。从这副对联中，我们能感受到马丕瑶做人所具有的胸怀和慈悲为怀的品德。在马丕瑶看来，身为马氏族人，不论身处何种地位，不论做多大的官，不论权势有多大，首先必须做到不能因为行事不周、做事不检点辱没自己的名声，连带家人、族人也受到羞辱。做到爱人以真、诚实守信，这才是安身立命之本，不投机取巧、自取其辱，才不会使列祖列宗蒙羞。

积善之家必有余庆，资富能训惟以永年。

此联是马氏庄园中路三进院正房门联，此联昭示马氏家训的一条重要的信息，就是告诉子女历史上任何一个大家族，都要恪守这样的门风，胸怀慈悲、多做善事的家庭，一定会给子孙带来更多的幸福；财富盈门，富甲天下，能有家训家规约束子孙，才能确保家族永远富庶，不会中途凋败。从中我们再一次领略了马氏注重行善、注重约束子孙的家规家风。

漫步在马氏庄园，细细品味这些不同书写风格的匾联，我们从中能领略到不一般的价值。这些匾联既有马丕瑶亲自撰写的，如“不爱钱，不徇情，我这里空空洞洞；凭国法，凭天理，你何须曲曲弯弯”“万支本是一身，田制鱼鳞，聊赡我亲疏族党；富贵敢忘微贱，清分鹤俸，先给他鳏寡孤贫”“天下无不是底父母，人生最难得者弟兄”，也有其子马吉樟撰写的对联，如“迈绩参豹，乔愿荐南山寿；凭轩咏尧，老来观东海田”“瀞淘红粒罯香饭，自剪青松织雨衣”，更多的是当时的名流以及后来的名人书家的手迹，如光绪皇帝的老师翁同龢撰“骨气乃有老松格，神妙独到秋毫颠”，梁启超撰“高人自与山有素，老可能为竹写真”，晚清理学大师倭仁书“青松秀鄂以其寿，白雪性情何所营”，于右任书“百年燕翼惟修德，万里鹏程在读书”等。

除了散落在马氏庄园各处的54副对联，还有54块匾额，也从另外一方面揭示了马氏家训的核心所在。这些匾额多系当时的名人题写，尽管匾额只有几个字，却高度概括了马氏家风的精髓所在。如“百官楷模”匾，系光绪皇帝颁赐；“谦益堂”匾，系民国书法名家马公愚所题；“清节

“清节皎然”匾额

皎然”匾，为晚清重臣左宗棠撰写；“整齐严肃”匾，系晚清名臣阎敬铭撰；“爱国恤民”匾，为晚清名臣翁同龢撰；“卓著循声”匾，系时任山西巡抚曾国荃撰；“和信堂”匾，为民国大总统徐世昌撰；“敬诚堂”匾，为晚清重臣张之洞题；“求知堂”匾，为晚清大臣崇绮书。

这些对联、匾额从立身、处世、持家、交友、育人等多方面，呈现了马丕瑶的人生信条以及马氏家风的主要内容。马丕瑶的一生虽然没有像曾国藩那样留下一本完整的“家训”，但这些时时挂在门柱上的对联，整合起来，又何逊于一本家训？在整个马氏大院中，这些对联、匾额，低头不见抬头见，在潜移默化中，不仅时时提醒马家后人秉承家训，也时刻警示着来来往往的人们。

“修身堂”匾额

第五章

敬宗睦族振家声

一个人默默无闻的时候，考虑最多的是个人、家庭、子女的生存与幸福；一个人一旦飞黄腾达，潜藏在他内心的博爱思想就会不由自主地萌发出来，从小家放眼大家，在力所能及的范围内，出钱出力，兴办各种慈善机构，整顿家族秩序，为的是整个家族从此名扬天下。为此他们办私塾、建义学、修家谱、定族规、辟义田和建祠堂。

善举，在中国历史上不乏其例，个人的慈善行为可能只在一个地方闪光，如果各地的慈善义举汇聚在一起，将成为整个社会一道亮丽的风景，中国的慈善史都是一点一滴的慈善溪流汇集成的慈善大川。

第一节 建祠堂敬祖睦族

在中国浩瀚的历史文化长河中，家族文化犹如璀璨的珠宝一直伴随着中国历史的发展而发展，丰富的家族文化成为中国传统文化一个重要的组成部分。家族文化之所以几千年来备受关注，除了家族文化具有的凝聚血缘亲情、敬宗睦族的作用，还有就是家族文化具有维系社会稳定、家庭和睦以及教育子女的重要作用。家庭和睦可以促进社会的稳定以及伦理教化的发展。中国几千年来能稳定、长久、持续地发展，家族文化在其中扮演了重要角色。

每一个家族都有不同的文化特色，祠堂、家谱是维系家族血脉亲情的重要载体，不管家族成员多寡，地位高下，同一个祖先、同一支血脉把人们紧紧团结在一起，亲情比任何情谊更能凝聚人们的向心力；之后就是维系家族发展的各种规范和礼仪，家训、家规、家法是家族成员为人处世、道德伦理的条规，是约束族人行为的法典，同国家法典一起，成为维系社会伦理、文明教化的根本；亲情维系、家法家规是血缘凝聚和管理约束族人的外在因素，除此之外能够增强族人凝聚力的还有诸多其他内容，诸如家塾、义田、义庄等带有慈善性质的机构，这是保证家族成员享受家族福利的亲情保障。试想，一个大家族，几十口人、数百口人，甚至上千口人，分出若干个小家庭，由于每个家庭不一样，贫富分化是迟早的事。在一个大家族里，有人富，有人穷，如何才能达到睦族，确保整个家族的和睦相处呢？当某一个家族成员兴旺发达后，他就会义不容辞地站出来，挑起凝聚整个家族的重担。

历史上很多大家族都是如此，凝聚家族成员的第一要素就是敬宗，敬宗就要修建祠堂、编撰家谱、制定家规，其目的当然是敬祖亲族，使族人感恩祖先，巩固孝悌观念。

今天，在大江南北、城市乡村，保存古文化最明显的除了恢宏大气的庙宇寺院，就是一座座散落在乡村道边的祠堂。在传统社会，家族祠堂的修建，无外乎两种形式，一是家族中某位富绅显要在发迹后，为了回馈家族的恩情，也为了彰显自己不忘根本，出资修建，以期达到敬祖睦族的目的；二是族人为了感念祖先的恩德，让族人知道木本水源，在族长的带领下，有钱捐钱，有地捐地，有力出力，共同修建的。

安阳马氏，从山西洪洞移民至此五六百年，家族不断繁衍生息，由当初的兄弟二人开枝繁衍，发展为东西两门，每一支为了明晰家族传承的脉络，多以支派体现每代传承的顺序。西蒋村马氏出自明初始迁祖马清甫，到马丕瑶这一代已经传了十六世。从十六世开始，马氏又续了字辈，依次为：丕吉恒怀敬，庭兰玉树芳；汝行思法守，忠孝启贤良。以五言诗的形式包含家族对后世子孙的期望和教育，蕴含着对子孙的训诫和规劝，即要求马氏族人常怀敬畏之心，遵守法度，力行仁孝。

对一个家族而言，真要做到敬祖收族，还必须要有一定的载体，具备一定的仪式。家谱虽然从文字上明晰了家族成员的尊卑顺序，明晰了家族成员的血缘疏密关系，但真要凝聚族人的向心力，还必须建立祠堂，使族人在特定的环境下，缅怀祖先，凝聚亲情。

祠堂，顾名思义就是用来供奉和祭祀祖先的场所。但在中国传统社会，祠堂还有其他的用途，除了“崇宗祀祖”，也是家族各支子孙办理婚、丧、寿、喜等活动的场所。另外，族亲们商议族内的重要事务，有时也利用祠堂作为会聚场所。

祠堂最早出现于汉代，当时祠堂建于墓旁，曰墓祠。到了南宋朱熹编撰《家礼》才确立祠堂之制，从此称家庙为祠堂。在很长时间修建祠堂有严格的等级之限，只有有身份、有地位的家族才能建祠堂，民间不得立祠。到明代嘉靖朝，始“许民间皆联宗立庙”。帝胄之家或王侯之家的祠堂也称家庙，其余称宗祠。

在封建时代，祠堂还是族长行使族权的地方，凡是族人违反族规，族长则召集族人在这里训诫和惩处违规族人，情节严重的甚至被驱逐出宗祠，所以说在某种程度上祠堂是封建道德的法庭。有些家族的宗祠附设私塾或者义学，族人子弟在此就学，因此祠堂也就有了学校的功能。

正因为如此，每一个大家族都非常重视祠堂修建，祠堂建筑一般都比民宅规模大、质量好，越有权势和财势的家族，祠堂越讲究。高大的厅堂、精致的雕饰、上等的用材，成为这个家族在当地影响力的象征。

安阳马氏家族在马丕瑶发迹之前，由于家族中没有出现官宦和有财力的子弟，因此也就没有修建祠堂，这成了马氏族人的一块心病。1862年，马丕瑶终于科举中式，考取进士，并被分派到山西做候补知县。这让马家人看到了希望，族人也希望马丕瑶能拿出俸禄修建祠堂。可是，马丕瑶在很长一段时间都只是知县，没有多余的财力修建祠堂。

关于修建马氏祠堂，马丕瑶《致族中长老》的书信中说得很明白。在这封信中，马丕瑶说：我们马家从始迁祖马清甫公由洪洞迁到这里，五百年了，一直没有修建宗祠，不是不建，而是没有能力修建。在我刚进入仕途时，族中老人通奉公曾对我说，宗族虽说都有远近亲疏之分，但对于祖先来说，都是他的子孙。你现在终于考取进士，全族人都把修建宗祠的希望寄托在你的身上。我也有心修建祠堂，可是刚入仕途，职位低收入薄，心有余而力不足，但是先人的遗训，我一点儿也不敢忘记。

1871年，马丕瑶父亲去世，马丕瑶丁忧在家，闲暇之余就和族中长老商议修建祠堂之事，在他看来“宗祠关合族休咎地基，尤为第一紧要”。为了支持族人修建祠堂，他曾捐出数目不菲的银两作为修建祠堂的费用。修建祠堂需要一大笔费用，其他族人又拿不出钱财，修建一事只能作罢，而这笔费用被用于每年的祭祀。1885年，马氏族人再次把修建祠堂提上议事日程，这时马丕瑶已荣升为山西按察使，从七品县令升到正三品高官，自然俸禄已非知县时可比。他毫不犹豫大力支持，捐出两千两白银。为了表达自己对建设祠堂的迫切心情，他特意派侄子马吉栋、长子马吉森携带款项回到西蒋村，和其他族人一起完成这件家族大事。对于祠堂修建，马丕瑶也提出了自己的看法。在他看来，祠堂一定要建在东、西两支都认可的地方，祠堂布局一定要宏大有气势，既可以用来祭祀祖先，以后还可以用来兴办义学。祠堂修建不是一个人的事，是全体族人的事情，因此在修建祠堂时，一定要发动全体族人参加，有钱出钱，有力出力，即便有的族人不愿意出钱，也不要勉强，不足部分由他另想办法。

马丕瑶之所以拿出这么多的银两修建祠堂，是因为在他看来，祠堂是敬祖亲族的象征，有了祠堂，族人孝悌之心就会巩固。通过修建祠堂，以期达到人人心存敬祖睦族之心，全族上下，和气和睦，彬彬有礼，可以保佑马氏后代福荫绵长，家族蒸蒸日上。

在马丕瑶的大力支持下，马氏祠堂终于建了起来。有了祠堂，还必须有一套祠堂管理条规，为此马丕瑶命侄子马吉栋参照历代名门望族的族规，制定马氏族规。马吉栋参照宋代苏州范氏以及清代桐城方氏、长洲彭氏、常郡王氏等家族族规，完成马氏族规，名曰《马氏四规》。

祠堂最主要的功能就是祭祀祖先。祭祖是过去大家族最主要的家族活动，男女老少必须参加。一般家族的祭祖活动一年两次，分别是在每年春节和中元节。在《马氏四规》中有《祠堂条规》一项，其宗旨在于塑造“新民”。何谓“新民”？就是要求马氏子孙成为具有时代风貌的人。马氏祠堂条规有十余条，目的是告诫子孙要“仁孝诚敬”。在马丕瑶看来，子孙的德行与前代息息相关，正所谓“孙世德，笃宗祊，宜家人，宜兄弟”，只有每个家族成员都遵守礼规，崇尚道德，才能影响他人，也就是

“推己及人，不出家而成教”。祠堂除了是训诫子孙的平台，最重要的是可以祭祀祖先，通过祭祀祖先特定的活动，让子孙身临其境，起到“报本追源”“达材成德”“睦姻任恤”的目的。在封建时代，祠堂祭祖都有一套特定的程序，我们从文献记载的马家祭祀祖先的一般场景中可以看出当时祭祖的隆重仪式。

值祭之时，东西门各选出一位族老轮流祭祀。祭祀开始时，族老带领族众分立祠堂两侧，祭祀仪式基本按照朱熹《家礼》进行。先是跪拜仪式，有初献礼、亚献礼、三献礼、送神礼、送燎礼。上香跪拜必须按照尊卑长幼顺序进行，先由族老讲述祠规，使族中子弟再次温习族规家法，之后男女老幼再行祭拜。长幼齐跪，最长者先起，众人再拜，长者作揖还礼。紧接着，长者受众人拜，次长者还礼，以此类推。可见家族祭祀活动，不仅是对去世的祖先进行祭拜，也是对活着的尊者的敬礼。祭拜结束后，全体族人一起在祠堂聚餐，全族上下欢乐喜庆。在隆重的祭拜祖先仪式中，对族人的精神风貌和道德伦理也是一次洗礼，祭祀活动的确起到了加强宗族联系、提振家族精神的作用。

马丕瑶出资建立马氏祠堂的同时，还出资九千两白银建了自己这一支脉的家庙，主要供奉本支四代先人，并制定了家庙条规。马氏家庙条规完全依照朱熹《家礼》制定，共有三十条禁约，宗旨在于让子孙“明德”。明白什么样的道德呢？就是教育子孙懂得孝悌之义，力行慈善之举。

马丕瑶创设的马氏条规，继承了历代家训的精华，成为乡村社会的楷模，难怪时任广西布政使秦焕在《马氏四规》后记中给予高度评价，在他看来，“人能以公之爱亲，各自爱其亲，则天性敦。人能以公之睦族，各自睦其族，则风俗厚。人能以公之教子孙，各自教其子孙，则治化纯、世泽延也”[①]。

马氏家庙

① 民国《续安阳县志》卷十四《艺文志》，民国22年铅印本。

第二节 建私塾兴义学

私塾是我国古代社会一种开设于家庭、宗族或乡村内部的民间幼儿启蒙教育机构，是旧时私人所办的学校，以儒家思想为中心，它是私学的重要组成部分。

在中国传统教育体制中，官学和私学一直并存，但影响最大、规模最大的还是私学。私塾是私学的一种，尤其在地方，当官学有名无实时，私塾就成为青少年真正读书受教育的场所。私塾一般都设在地方或私人所办的学塾里。清代学塾发达，遍布城乡。

进入私塾的年幼儿童，先从识字开始，先认识“方块字”(书写在一寸见方白纸上的楷书字)，当学生认识到千字左右后，塾师才开始教读启蒙读物《三字经》《百家姓》《千字文》。不过也有直接教读“四书”的。塾师的教法一般为先教学生熟读背诵，然后在适当的时候由教师逐句讲解。除读书背诵外，还有习字课，由塾师扶手润字开始，再描红，再仿影，进而临帖，当然写字用的全是毛笔。当代人感叹古人书法了得，殊不知古人从小就开始提笔练字，写好毛笔字是一项基本功。学童在粗解字义后，则教以作对，为做诗做准备。“四书”读完后，就要开始读“五经”，兼读其他古文，如《东莱博议》《古文观止》等，并开始学习作文。

马丕瑶深知私塾的重要性，因此当他有能力的时候，就义不容辞拿出自己的俸禄在家族内部筹建私塾，主要是为马氏家族的子弟提供学习场所。马氏私塾，从场地到建馆，再到聘请儒士，所有经费都由马丕瑶提供。

马丕瑶出资建成马氏家塾后，就聘请了当年自己的老师郑芸笥为塾师，为自己的子女授课。在马氏家塾中，除了马丕瑶自己的子女，马氏家族近支子孙都可以在这里学习。

马丕瑶还为家塾制定了严格的条规，这些规章制度都是严格管理入塾学习的自家子弟的。家塾学习的内容，和其他私塾的教育内容差不多，另外马丕瑶参照崔又尚、陈漱六的《幼训》《少学》《训蒙》的教学方法，制定了家塾条规。

马丕瑶为何这般推崇崔又尚、陈漱六的教学方法？我们从崔又尚的《幼训》一书可以明晰其中的教育儿童的方法。崔又尚，又名崔学古，是清代康熙年间武进县教谕，他在多年从事蒙童教育的经验基础上，写成了《幼训》《少学》两部关于如何进行幼童教育的书籍，对于各地各家的私塾教学颇有参考价值。马丕瑶尤为推崇，他请人参照这几部教育幼童方面的书籍制定自家学塾学习的方法。其实崔学古的这两本书，一是阐发儿童教育思想，二是论述作文教学方法。他提出的教育原则还是颇有价值的，如量资施教原则，即根据儿童资质进行教育，还有循序渐进原则、宽严相济原则、鼓励原则、家馆互动原则等。对于蒙学教学内容，崔学古提出习惯养成、礼仪学习、母语学习等。在教学方法上，崔学古提出蒙童教学要注意如下几个方面，如识字教学，他提出了“纸上识字”和“书上识字”两种办法；阅读教学，他提出了点书、句读、教书、念书和讲书五种办法；写字教学，他提出了先润字，再临摹，临摹先临大字，再临小字；关于作文教学，他提出了训字、立程、增字的教学方法。

《家塾四规》是马丕瑶对马氏家塾制定的有关规定。它是在借鉴《幼训》《少学》《训蒙》的基础上总结出来的。考虑到不同年龄段孩子的生理、心理特点，《家塾四规》从三个不同年龄段制定了不同的条规。

五六岁阶段的孩子，应该先锻炼孩子静心和静坐，让其习惯学习的环境，然后再慢慢识字。因为五六岁的孩子好动、贪玩、撒娇、任性，所以每天让他们学会静心端坐，认识写在纸上的一些大字。对于一些汉字，简单地讲明字的含义，每天温习十个字或者数十个字，这样周而复始，认识的字就会越来越多。等到他们认识千余字以后，再教他们学习书本上的字，等讲完《论语》后，他们学习的字已足够自己看“四书”。这一条和《幼训》所提倡的教学原则几乎没有两样。

到了六七岁，对于学生的学习要给予一定的引导。对于这一年龄段的孩子，一定要用好言加以教育，让其学习书本上好的内容。如果遇事就大声呵斥，那是徒劳无益的。等到了八九岁，他们年龄也长大了不少，这时可以稍加严厉。对于那些聪明的学生，稍一提醒他们就会觉悟；对于那些愚钝的学生则可以略微惩戒，半年之后方可严厉。如果一直对学生严厉，时间久了，他们习以为常，也就不会用心读书。

到了十三四岁，是儿童道德养成的关键时期，这时候一定要让学生收心，不要被外界干扰，使他们能够专心读书。

每个孩子的天资不一样，因此对孩子的教育也不能采取同一个标准，要因材施教。在《家塾四规》中就有这样的记载："驯颖者用善言警悟，每不苦而自成，即遇愚顽亦加以扑责，扑责后仍用善言劝谕，亦每知诲而自新，不然则下愚不移，虽扑责无益也。"这样的教育方法，我们从马丕瑶给子女的书信中也可以看出来。

马丕瑶对每一个子女都有不同的期待，他希望长子马吉森起到兄长的表率作用，"首孝悌，力田园。早完国课，谨守家园"。马吉森是家中长子，自然要做出表率。对于次子马吉樟，马丕瑶从内心喜欢这个儿子，因为马吉樟"五岁读《毛诗》《尚书》成诵，人以神童目之"。他期望这个儿子能子承父业，在读书做官上走得更远，所以在给马吉樟的书信中表达了一个父亲的期望，在学业上，要"立志追希文，学垂三不朽；多读有用书，少交无益友"；在品德修养上，要"一敬胜百邪，一诚包万有"。三子马吉梅，资质平平，马丕瑶不奢求他在科举为官上有更大的发展，只希望他多历练，尝尽人间疾苦，这样才能体会"世路多险阻，人情当苦甘"；在生活上要做到"起居慎饮食，沉默戒妄谈"，一定要明白"谦益满招损，纨绔人不堪"的道理。对于长女，虽已嫁做他人妻，作为父亲也是有不尽的期待，在家"事舅如事父，事姑如事娘""殷勤相夫子，举案学孟广"；平时闲暇时"《小学》并《女戒》，有暇温数行。旋时教诸弟，勤学勿怠荒"。

除了自己的子女，马丕瑶对家族后辈也严加要求，根据他们的不同资质提出不同要求。对于子侄辈，马丕瑶也给予一定的指点，希望他们在各方面都有所成。如对大侄子马吉福，他是希望侄儿“读书第一传家法，教训诸弟耐苦心”；侄子马吉栋和马丕瑶关系最好，常年跟随在他的身边，他也时常进行教育，希望马吉栋“书香继汝成，早著祖生鞭”，在读书上“读书为通儒，器识乃无偏”，在处世上“勿指人瑕疵，汪汪若涵渊”。

从上述这些事例可以看出，马丕瑶对子女和后代在了解每个人的实际情况后，采取了不同的教育方式，表达了不同的期待，目的当然是希望后代能根据自身的实际情况有所发展。

马氏家塾是马丕瑶出资修建的专为自己的子女和近支子孙辈进行启蒙教育的私人学校，除此之外，马丕瑶也对家族远亲或者邻里贫寒人家的子女就学倾注了很大心血，他也像历史上其他富绅名宦一样，拿出巨额资金，修建义学，聘请老师，招收贫寒人家的孩子，让他们也能受到一定的教育。

义学产生于北宋，始于范仲淹创办的苏州范氏义庄，是一种专为民间孤寒子弟所设立的学校。多由官员、富绅出资在家乡开办，也有的以祠堂地租或私人捐款为资金来源。“择族中之秀而贫者聚学焉”。招生对象是家庭贫穷而优秀聪慧的子弟，年龄在6~11岁之间，每所义学学生人数10~20人不等。一所义学通常只有一名塾师，以通晓文义、行宜德厚者担任。学校性质属于启蒙教育，大多以识文断字为基本。义学有较固定的上学时间和假期，农闲时让子弟入学，读《百家姓》《三字经》之类蒙学教材和《论语》《孟子》等四书五经，并以教劝农桑为主要任务。

同治五年（1866年），马丕瑶还是平陆知县，他对当地的义学表达了极大的兴趣。平陆义学建于乾隆四十七年（1782年），是由当时平陆知县李钟淑和平陆乡绅赵实庵、毛凤翔等人出资共同修建，有讲堂五间、学舍二间、门房一间、大门三间。马丕瑶认为一个县只有一所义学，实在太少，根本不能满足百姓的需要。于是他带头捐款，将平陆县城义学扩大规模，招收更多的贫苦家庭的孩子入学读书。他认为这是一种提高当地教育的好办法，便下令将义学这种教育形式扩大到各个乡镇，每个乡镇在力所能及的情况下，广建义学。

1872年，丁父忧在家的马丕瑶开始筹办马氏祠堂、马氏家庙，同时他也在思考一个问题，自己身为朝廷官员，享受朝廷的俸禄，但马氏家族中、西蒋村还有很多贫穷人家，这些贫穷人家根本没有能力让自己的孩子读书。他开始筹划在家乡兴办义学。

1885年，马丕瑶出资修建的马氏家庙、马氏祠堂、家塾终于完工，与此同时两座义学也在马氏义庄内建成。《续安阳县志》记载："光绪时，蒋村马中丞丕瑶在本村开办马氏义学，所定规则甚详，一切薪费，取于马氏义庄。"[①]为了规范义学，马丕瑶颁布了义学条例，公布于众，接受族人监督。这些条例包括义学场所、延请老师的费用、招收学生的对象、所学内容等。马氏义学虽然只是家族内部兴办的带有慈善性质的学校，对于家族内部和本村贫寒人家的子弟读书还是起到了一定的作用。后来族人回忆："幼时即就读于义庄学校，读过经书和小学课本，受到了启蒙教育。"马氏义学有雄厚的财力支持，一直坚持了30年。这对当时的乡村启蒙教育做出了一定贡献。

① 民国《续安阳县志》卷八，民国22年铅印本。

第三节　建义庄行慈善

一、马丕瑶建义庄

在中国传统社会，慈善就是“以保息六养万民：一曰慈幼，二曰养老，三曰赈穷，四曰恤贫，五曰宽疾，六曰安富”[①]。用现代慈善标准来说，就是关爱儿童、老有所养、救济穷困、抚恤贫苦、优待残疾、安抚富人。

慈善机构既有官办也有民办，宋以后影响比较大的还是个人的慈善行为，尤其是明清时期出现了慈善群体，这些慈善群体既有官宦人家，也有地方乡绅，基本上靠自己的慈悲和捐赠来进行慈善活动。

中国是一个农业社会，在众多的慈善义举中，义庄、义田、义学是

① 《周礼·地官司徒》。

较为普遍的形式，也是个人慈善最为集中的形式。义庄、义田、义学的出现，首见北宋范仲淹。范仲淹在苏州创设“范氏义庄”，置良田十余顷，将每年“所得租米，自远祖而下，诸房宗族，计其口数，供给衣食及婚嫁丧葬之用”[①]。可以说，自范仲淹创设“范氏义庄”后，这种家族慈善模式受到后人的推崇，很多家族都模仿范氏义庄创设了各个家族的义庄，义庄的形式、管理条例基本上不出范氏义庄的运行机制。

义庄存在的基础是有大量的田产作保证，义田的创设也是来自范仲淹，据宋钱公辅《义田记》记载：“（范仲淹）方贵显时，置负郭常稔之田千亩，号曰义田，以养济群族之人。日有食，岁有衣，嫁娶凶葬，皆有赡。择族之长而贤者主其计，而时共出纳焉。日食人一升，岁衣人一缣，嫁女者五十千，再嫁者三十千，娶妇者三十千，再娶者十五千，葬者如再嫁之数，葬幼者十千。族之聚者九十口，岁入给稻八百斛。以其所入，给其所聚，沛然有余而无穷。屏而家居俟代者与焉；仕而居官者罢其给。此其大较也。”从这段记载，我们对义田有了几点认识：

一是义田是由个人捐赠。

二是义田的用途主要是周济家族宗亲。

三是义田的适用范围，衣食住行、婚丧嫁娶。

四是义田的管理者，由族长或家族贤能的人主持。

五是义田周济的标准。

不管每个家族的义庄怎样变化，其目的都是一样的，都是为了赡养家

---

① 《宋史·范仲淹传》。

族贫困者而设立的慈善机构。

马丕瑶模仿范仲淹的做法在安阳西蒋村马氏庄园设立马氏义庄。

马氏庄园如今还保留有当年马丕瑶创设的义庄，在马氏义庄的大门两侧，有一副马丕瑶写的对联："万支本是一身，田制鱼鳞，聊赡我亲疏族党；富贵敢忘微贱，清分鹤俸，先给他鳏寡孤贫"[①]。为了使义庄能充分发挥作用，马氏义庄制定了详细的规章制度，首先把家族中那些无依无靠的鳏夫、寡妇、孤儿和贫穷者一一记录在册，每个月固定支出粮食补贴他们。

对于家族中贫困的老无所依的族人，不论男女，从51岁开始，每月提供小米一斗五升，60岁以上的每月给二斗，70岁以上的每月二斗四升，80岁以上的每月多给三斗。

对于从小就失去双亲的孤儿，不论男女，给10岁以内的每月提供小米八升，10岁以上的每月给小米一斗二升，男的到18岁成丁时停供，女的到出嫁后停供。对于抚养幼孤的人家，除每月供小米八升外，另提供小米一斗五升作为补偿，直到幼孤10岁停供。

对于家族中残疾无人赡养的，17岁以内的参照幼孤标准补助；18岁到60岁的每月给小米一斗五升；60岁以上的参照前例增加。

此外，每到冬季，义庄还会给贫老幼孤的族人提供厚衣以御寒。义庄规定：每年冬季，家族中不论男女幼孤均能收到棉被和棉衣裤，三年一换新。对于家族中的寡妇，每月也会提供一定的米面支持；本族出嫁女如果

---

① 田制鱼鳞：泛指土地。清分鹤俸：泛指俸禄。

丧夫，娘家婆家没有可依靠的，也会每月提供小米直至其终老，如果还有孩子，义庄也会额外提供一定的粮食，但是出嫁女再婚者不给。

家族中族人的婚丧嫁娶，实在无力操办的，义庄也会提供帮助。义庄规定：凡是丧葬不论男女，都会提供丧殓费六千文、安葬费二千文，未婚者减半，10岁以下不给，停棺不葬的不给，给了钱不下葬的还要追回钱。嫁娶也是如此，凡娶妇给钱十千文，再娶给钱五千文，嫁女给钱八千文。

马丕瑶通过设立义庄，保障了家族成员的基本生活，通过扶持族内鳏寡孤贫，家族内部凝聚力得到进一步巩固，不仅家族意识得到强化，而且也对稳定一方安宁起到了重要作用。

在建义庄兴慈善的同时，马丕瑶出资捐献一部分土地，以土地的收入来维持家族慈善机构的正常运转，这部分土地称为义田。

创设马氏义田，马丕瑶是最早的倡议者和实践者。马氏义田由两部分构成，一部分是马丕瑶出资购置的土地，一部分是马氏族产。在马丕瑶的倡导下，马氏族人将西蒋村马氏祖茔260亩土地作为义田，并根据范氏义庄对义田的管理规定，制定出了马氏义田管理规章。义田总负责人称庄正，由家族中公推老成持重明白事理的族人担任，义田田租银钱等均归其管理。庄正、庄副的责任，一是经营义田，二是督催和分配租米，三是保管义庄房舍，四是完纳赋粮。对于义田的管理，有严格的规定：设置义田的目的是赡养族人，出资捐田的人对义田的收入一两银、一粒米都不得私自侵占，子孙更不能因为是祖先捐置就妄图据为己有，如其子孙后来贫困，才能和族人一同分享。义田只允许购买，绝不允许典押；不允许买族人的土地为义田；在租义田的佃户不能上缴田租时，族人不能仗势欺辱；族人也不能租义田。这些规定规范义田管理，有利于义田起到扶助族内孤贫的目的。

二、马青霞兴慈善

马丕瑶对家族的慈善举措，体现了他仁慈的胸怀。他的所作所为对马氏后人影响很大，马丕瑶的小女儿马青霞深受影响。她胸怀天下、仁济穷人的壮举至今还被人们津津乐道，这或许就是马氏家风润物细无声的结果。

马青霞虽是马家出嫁女，但自幼在马家受到家风熏陶，尤其她看到父兄建义庄、兴义学，从小就有胸怀天下、赈济穷苦的志向。嫁到尉氏刘家，尤其是执掌刘氏商业后，她把马家这一传统发扬光大，把马家慈善家风搬到了刘家，兴办了一大批慈善机构，受到世人的称赞，朝廷也给她颁赐了“乐善好施”牌匾。

（一）助百姓度年关

农历新年，是中国传统节日，也是一年中最隆重的节日。即便再穷的人家，也要想尽办法置办年货过一个新年。年关，对富人来说是过年，对穷人来说是过关。马青霞深知贫穷人家的年关之苦，在建义庄救济刘姓族人的同时，她也把这种关怀和爱心施及周边百姓。在与婆婆商议之后，每年到腊月初八，她就贴出告示，告诉周边百姓，这一天刘家开仓放粮，对贫寒人家实行赈济。马青霞一门拥有土地四万亩，年关赈济穷人的粮食占不了多少，对刘家来说不会伤筋动骨，但对贫寒人家来说，解决了大问题，不仅温饱问题得到解决，而且也让贫寒人家能欢欢喜喜过个新年。这样的功德、这样的居富仁爱之心确实值得人们称道。

（二）荒年赈灾

常年靠土地生活的老百姓，最怕的是遇到自然灾害。在那个时代，旱灾、水灾和蝗灾是经常发生的。一旦遇到灾害，庄稼基本上颗粒无收，一家的生计就会陷入困境。卖儿卖女、流离失所、外出逃荒、饿殍遍野是经常看到的惨景。在丈夫刘耀德死后不久，刘母受不了打击，很快就卧床不起，不久撒手归西。而此时尉氏遭到严重的荒灾，很多百姓流离失所，拖家带口沿街乞讨，甚是可怜。马青霞就在县城开仓施粥，赈济百姓。

在中国历史上，每当遇到灾荒，除了官方赈济，一些官宦人家、富商巨贾也加入赈灾的行列，最常见的赈灾手段就是施粥。施粥虽然不能解决温饱，但可以活命。每天两碗稀粥，足以保证人不会饿死，度过最艰难的时间段。我们从当地史志记载可以看出，在那场荒灾中，马青霞施粥一个月，救活了不少人的性命，尤其是那些鳏寡孤贫残疾者，分得一碗稀粥，也就有了活下去的可能。

（三）修桥铺路

在中国古代慈善史上，许许多多的慈善家都在尽自己绵薄之力为百姓做好事，为社会做贡献，其中修桥铺路方便百姓是最常见的善举之一。

马青霞作为女性慈善家，她也像历史上的慈善家一样，在自己的家乡，尽自己的力量为家乡人民做善事。

据史料记载，光绪二十九年（1903年）夏天，河南发生了一场水灾，这场洪水冲毁了许昌、开封官道上跨越贾鲁河的一座桥梁，给人们的交通带来了极大不便。开封当时是河南省省会，从开封往西到尉氏、许昌等地必经贾鲁河。贾鲁河官道桥梁被毁，给南来北往的客商和行人带来了极大不便。人们到贾鲁河边，因无桥可过，只得坐船摆渡。马青霞看到这种情况，就捐出白银九千两，在开封至尉氏的官道渡口歇马营，修筑石桥一座，极大方便了南来北往的客商和当地百姓。这座桥修筑了5年，从1904年开始，一直到1908年才完工。这期间修桥所用的石料从河南襄县、郏县等地运来，修成的新桥长十二丈，宽两丈五，有五孔，桥全部用青石修筑，百姓称之为“青石桥”。

这座青石桥两边修有石护栏，桥头护栏镶有六个龙头，在桥两头竖有石碑，一头石刻“万善同归”，一头石刻“无名氏修”碑文。这座石桥使用了很长时间，抗战时被日军炸毁。为了记载这座桥的来历，马青霞亲自撰写了碑文，表现出一代慈善家的高风亮节。在很多地方，此种功德碑碑文多记载对此建筑有贡献的人的名字，目的是让后人牢记其功德，但马青霞认为自己的善举只要能给人们带来方便就可以，没有必要大肆宣扬。但就在这座桥修成后不久，当地百姓就编歌谣，对马青霞的善行大加颂扬：

青石桥啊青石桥，宏伟壮观双路道。

刘家贤绩垂青史，万民同济乐逍遥。[①]

做善事，马青霞光明磊落，诚如她自己所说：

凡属公益善举，宁节己襄助，莫当作守财之奴，此又对于社会

① 《尉氏文史资料》（第二辑），《刘青霞女士专辑》，1987年内刊。详见李玉洁《辛亥女革命家刘马青霞评传》。

者如此。青霞一妇人耳，屈指平日碌碌劳劳，淡食粗衣，自奉甚微，而对于家族、对于社会自觉可以告无罪矣。[1]

事实也是如此，马青霞从来没有摆过阔，马氏家风的熏陶让她养成了节俭的习惯，但对于家族、对于社会，她一点也不吝啬，不论是办教育、办报纸，还是支持革命、办工厂行慈善等，她都慷慨大方，展现了一个乡贤应有的品德。

除了做慈善，马青霞与时俱进，在兴学上也走在时代前列，她不仅兴办传统义学，还热衷于筹办新式学堂。这些都是马氏家风在马青霞身上的体现。

---

① 刘马青霞：《豫人刘马青霞披露》，《自由报》1917年11月17日。

第六章

传家风实业救国

安阳马氏，因马丕瑶的操守和作为而名扬天下，不仅成为晚清官场“一门双进士”的显宦名门，而且马丕瑶开创的马氏家风也深深影响着马氏后人。马丕瑶的长子马吉森，深受父亲洋务思想的熏陶，对内恪守家规家训，孝敬父母、关爱弟妹，父亲长期不在家，他承担起操持家事的重任，开矿办厂走上实业救国的道路。次子马吉樟，自幼受到父亲马丕瑶的教诲，恪守耕读家风，一心向学，成为马家第二个进士，他十分关注教育，成为近代河南新式教育的开拓者。三子马吉梅，受其父马丕瑶的影响，不仅在家乡帮兄长马吉森经营事业，还在家乡大力兴办学校，提倡女校。四子马吉枢，虽然没有考取功名，但一生乐善好施，用自己所学，为家乡百姓免费行医治病，有“马善人”之誉。

马丕瑶的三个女儿，也都深受父亲的影响，从小受到良好的家庭教育，品德操守得到时人好评。最让人敬佩的是小女儿马青霞，真正继承了马丕瑶身上众多的品德，深受马氏乐善好施家风的影响，积极投身地方慈善事业，获得清廷颁赐“乐善好施”匾牌，还出资兴办新式学校，培养了一大批人才，并且捐出家财支持辛亥革命，曾获得孙中山“巾帼英雄”题词嘉勉。在人生最后阶段，她捐出全部家财，用于河南教育事业。

马氏家族之所以为世人所推崇，马氏家风无疑起到了重要作用。

第一节 开矿办厂兴实业

在马丕瑶几十年的为官生涯中，清廉为政、一心为民只是他的政治情怀，清官形象为马丕瑶赢得了“百官楷模”的清誉。但马丕瑶还有另外一个政治情怀却很少有人提及，他还是一个洋务派，一个在晚清力倡富国强兵、实业救国的真正洋务派。尤其是到两广担任巡抚期间，他把自己的政治抱负付诸实施，在两广大力兴办实业，振兴商业，提振国运。他的这一思想也深深影响着马氏后人，不论是他的儿子还是女儿，在父亲精神感召下，投入到实业救国的历史洪流中。

最早投入实业救国运动中并做出业绩的是马丕瑶的长子马吉森。

马吉森，字子明，咸丰六年（1856年）出生于安阳西蒋村马氏老宅。当时马丕瑶还是一个没有任何功名的乡村俗子，一边耕田养家，一边拜师苦读，梦想着考取功名。当时马家的家境并不富裕，也就是维持温饱。马吉森出生在这样的家庭，从小也就和同村的农家少年一样，丝毫没有官家少爷的威风。

同治元年（1862年），马丕瑶终于科考得中，中了进士，并被派到太原做候补知县。马丕瑶高中进士，一举改变了马家的地位，马吉森也一夜从农家小子变成了官家小少爷。父亲的俸禄也暂时让他们有了舒适的生活，不需要再在田里耕作，可以一心坐在私塾里用心苦读圣贤书，走父亲读书为官的道路，进而一朝进士得中，光耀门楣。

马吉森

马丕瑶在山西为官期间，作为长子的马吉森不能随父前往，只能和母亲以及年幼的弟妹留在家里。在父亲的教导之下，马吉森还真的担起了长子的重担，一边苦读圣贤书，为科考做准备；一边帮助家里操持家务，督促弟弟妹妹们读书。尽管马丕瑶常年不在家，但对子女的教育一点也没有怠慢，他通过一封封家书教导儿女，尤其在读书、为人、处事等方面可谓督促甚严。马吉森也正是在这样严格的家风熏陶下，一步步成长起来。

马吉森虽然品行端庄、用功读书，但读书科举这条路似乎与他无缘，他也经历了多次考试磨炼，无奈命运总是和他开玩笑，一次次考试，命运之神总是从他身边溜走，他没有像父亲马丕瑶和二弟马吉樟一样通过科举改变自己的人生命运，但他在父亲的精心培育下，丝毫没有染上官宦子弟的恶习，虽为显族，却为人和蔼，遇到地方有危难之时，总是倡行在前，是地方上颇有声誉的绅士、乡贤。

马吉森没有走上科举之路，却在实业救国方面走出了一条康庄大道，他在家乡大力兴办实业，成为河南近代民族工业的创始人之一，在近代河南历史上产生了重要影响，可以说在近代实业上的影响，马吉森丝毫不亚于父亲马丕瑶。

晚清时期，西方帝国主义列强肆无忌惮地对我中华民族实施军事侵扰，要挟腐败无能的清政府签订了许多丧权辱国的不平等条约。西方列强用坚船利炮打开了中国闭关锁国的大门，对中国进行大规模的经济掠夺与渗透。尤其是甲午中日战争之后，中国的惨败使中国面临被西方列强瓜分的危险局面，在这样的情况下，清政府被迫采取新政，想通过奖励商贸、鼓励实业，达到富国强兵的目的。马氏家族也看到了国家面临的新情况，他们积极调整家族发展方向，开始关注实业、教育、革命等。马氏家族在晚清的影响，北至北京，南至两广，东至上海，西至山西，但最主要的活动范围还是在河南，尤其是在安阳、开封，留下了马氏家族兴办实业的身影。

积极投身实业救国的马氏家族成员中，马吉森是最主要的代表。

马吉森在年轻的时候就表现出不同凡响的气度和能力，尤其在治理地方、管理家族方面颇有声誉。史书记载，在他27岁时，就对当时地方的一些弊政不满，发声改革。安阳是晚清时期南北交通要冲，过往官吏甚多，为了应付招待南来北往的官员，当地官员经常向民间征派马匹车辆，百姓苦不堪言。光绪十年，年方27岁的马吉森就联合当地士绅创设车马局，规定此后官家所需车马一律通过车马局应差，地方官员不得随便向民间乱征滥派，从而使百姓的差役有所减轻。马吉森因此受到了当地百姓的交口称赞。马吉森既非朝廷命官，又非当地官员，何来这么大的能力，连地方官员也得听命于他，说白了还是得力于马丕瑶的社会影响，要知道此时的马丕瑶已是山西布政使，马家在当地首屈一指，地方官员不敢轻易得罪马吉森，再者马吉森所痛陈的是弊政，对于马吉森的建议，地方官员乐于接受。

马吉森在安阳一带有影响力，除了父亲马丕瑶的地位，也与他的身份有一定的关系。虽然马吉森没有像父亲一样取得一官半职，但作为马氏家族的长子，恩荫制也使得他有了一定的身份，他曾任翰林院待诏、直隶候补道等职，尽管是虚职无实权，仅具身份象征，但也为他带来了名人效应。

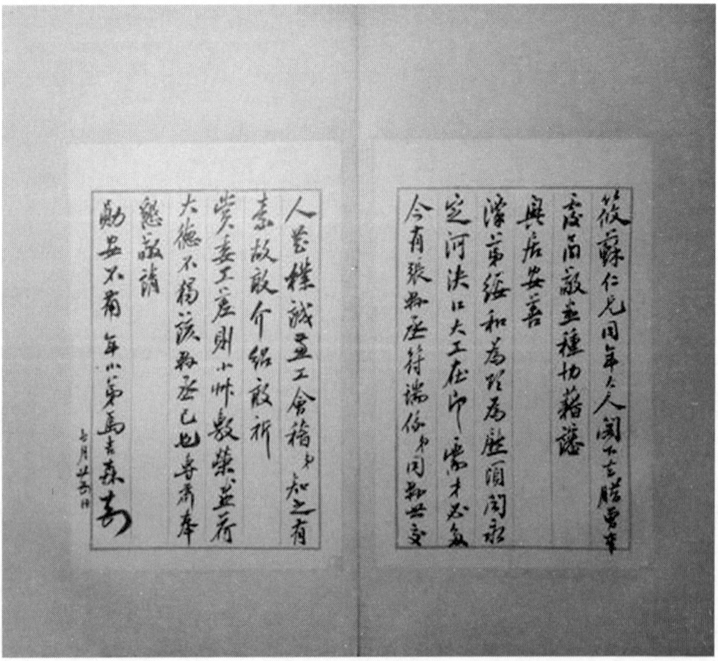

马吉森书信

甲午战争后，尤其是清廷与日本签订《马关条约》，割地赔款的耻辱让马丕瑶痛心疾首，在悲愤交加之际，马丕瑶怀着对国家、民族前途的深深忧伤离开了这个世界。父亲的去世对马吉森触动很大，也让他思考着怎样救国才能不辜负父亲的期望。做官救国对他来说已是遥不可及，实业救国成为他的不二选择。

从此，马吉森走上了开矿、办企业实业救国的道路。

一、创办六河沟煤矿

在近代民族工业发展史上，六河沟煤矿是不能不提的，有人说它是中国北方近代民族工业的发祥地。马吉森是这个煤矿的主要创办者。

马吉森走上实业救国的道路应该始于甲午中日战争之后。光绪二十一年（1895年），清王朝与日本签订了《马关条约》。这个条约的签订，表面上看是近代中国一系列不平等条约中的一个，但对中国人民心理的影响却是巨大的，远超《南京条约》等。为何有这样的说法？近代中国败于英国、法国，那是技不如人，实力不如人，但败给东邻日本，而且还签订了丧权辱国的条约，却是很多中国人万万不能接受的。原因何在？在中国人的心目中，日本是一个小国，历史上都是日本学习中国，拜中国为师，在民族心理上中国人一直占有上风。突然之间，“泱泱大国”却败给一向被我们看不起的“蕞尔小邦”，而且败得还那么惨，不仅赔款两亿两白银，大清的藩属国朝鲜被日本占领，中国的领土台湾岛及其附属岛屿、澎湖列岛割给日本，甚至东北也处于日本的控制之下，日本的势力几乎延伸到京师附近，中国增开沙市、重庆、苏州、杭州等通商口岸，允许日本在中国内地开矿办厂。这对中国人的心理震动是巨大的，也是很多中国人无法承受的。

政治上的颓势已让当时的国人心神俱疲，经济上中国更是沦为列强的附庸，尤其是甲午战争之后，帝国主义在中国开矿设厂“合法”化，帝国主义的魔爪开始伸向中国的矿产资源，他们想方设法攫取中国的煤炭资源，垄断煤矿工业。清政府无法抗拒列强的经济掠夺，却又不甘心国家的经济命脉就这样落入列强之手，为了增强实力，清政府大力鼓励民间修路筑矿，制定《矿务铁路公共章程》，鼓励民间发展矿务实业。这个章程意义重大，不仅取消了民间开矿设厂的限制，而且还允许官商合办和私人商办。这激起了民间实业家开矿设厂的热情，马吉森兄弟也趁着这股东风，在安阳创办了家族实业六河沟煤矿。

安阳位于太行山东麓，这里地下矿藏十分丰富，尤其是煤炭储量丰富。在创办六河沟煤矿之前，马吉森就在安阳鹤壁乡西寺湾创办了时利和煤矿。时利和煤矿，马吉森投入资金3万元，占地360亩。时利和煤矿主要是为自家使用，因为这里的煤质多系无烟煤，最适合家庭民用。煤矿出产的煤炭马家用不完，于是开始外销。马吉森派人用大车把煤炭运到汤阴车站，再从京汉铁路转运到省城开封和汉口等地。

时利和煤矿的开采和销售，使得马吉森积累了许多开矿和经营煤矿的经验，随着清政府颁布《矿务铁路公共章程》，马吉森开始筹划创办更大的煤矿。当然马吉森创办煤矿还是看重煤矿工业所带来的丰厚利润，过去煤矿工业由朝廷把持，不允许民间个人投资，现在清政府允许私人兴办煤矿，颇有经济眼光的马吉森没有放弃这一机会。再说创办实业振兴国家也

六河沟煤矿

是父亲一直提倡的，为了完成父亲的遗愿，马吉森也不会轻易放弃这个机会。加之马家财大业大，也有实力开采煤矿。

光绪二十九年（1903年）二月，马吉森与山东潍县人谭士桢、河南开封人顾瑗等集资白银六万两，经清政府农工部获准，在安阳县西北观台镇六河沟开凿和顺井，并收购当地土窑，创办了六河沟煤矿，当时清政府批准立项的名称是“六河沟机器煤矿”。

六河沟煤矿，晚清时属于安阳县观台镇六河沟，现属于河北邯郸磁县观台镇。从当初申请创办煤矿的名称我们可以看出，“六河沟机器煤矿”顾名思义就是和传统的土法采煤不同，采用的是当时最先进的机器生产。六河沟煤矿正式投产后，很快就获取巨额利润，在当地影响巨大。据《续安阳县志》记载："六河沟煤矿，生涯发达，为全县冠。除铁路专供运销外，此地陆路，亦多往来贩负者，路线约长八十里。"[①]由此可见，六河沟煤矿不仅规模巨大，产量也是其他地方煤矿所不及的。"及六河沟煤矿公司成立，所出烟煤焦炭几为全国煤炭之冠，行销之远，遍及各省，每年产量不下一万吨。"[②]

此外他跳出过去中国人办实业的家庭作坊式模式，开始借鉴西方先进理念，采用股份制的新式企业管理模式，积极吸纳外部资金，呈现出鲜明的现代企业特征。

马吉森开办六河沟机器煤矿之初就下定决心要集合群力，走规模化发展之路。光绪三十二年（1906年），经清政府农工部批准，马吉森成立"六河沟煤矿股份有限公司"。他联合本地的其他实业家张孝谦、叶润含等人，筹集股银34万两。与此同时，马吉森积极吸纳外部资金，为六河沟煤矿的发展壮大提供了源源不断的动力。德国人莫纳根、比利时人马楣等外商的入股投资，使六河沟煤矿的规模不断扩大。在六河沟煤矿股份有限公司成立后，马吉森向德国商人德璀琳贷款10万两白银，订购了先进的机器设备。

几年后，六河沟煤矿以"摸着石头过河"的精神，铺设了钢轨，大大提高了运输能力，生产也越来越红火，可以大把大把地赚取银两。1906年平（北平）汉（汉口）铁路建成通车，促进了六河沟煤炭资源的开发。为

① 《续安阳县志》卷六《交通志·陆路》，民国22年铅印本。

② 《续安阳县志》卷七《实业志·商业》，民国22年铅印本。

了适应煤炭运输销售的需要，安阳出现了第一条地方铁路。1908年由六河沟煤矿出资，修筑了从六河沟到丰乐镇的轻型铁路——丰六铁路，长32.5公里，这是一条运煤专线。开始时用人力推缸运煤，后来购置了小火车，改作机械牵引，主要运煤，也兼营少量的客货运输。与此同时在平汉沿线的彰德、郑州、许昌、汉口等地设立了煤炭分销厂，扩大销路。

六河沟煤矿的开办以及煤炭生意的火爆，给马吉森带来了巨大的财富，也带动了当地其他产业的发展，给当地居民带来了意想不到的经济效益和社会效益，诚如《续安阳县志》所说："商贾临萃，百货骈列，大小营业，肩摩毂击。近十年来风气开通，百废俱举，较他区为繁华云。"煤矿的开采，带动了交通运输业的发达，推动了当地商业的繁荣，人口流动，风气大开，"安阳今日工商业稍见扩展，马吉森实创其端"。马吉森创办的实业为安阳工商业的发展带来了无限前景。

马吉森开办六河沟煤炭股份有限公司，与官办煤矿并驾齐驱。在那个积贫积弱、列强环伺的年代，民族工业的幼苗只能在夹缝中生存。马吉森在创办六河沟煤矿的过程中，积累了许多先进的生产和经营管理经验，这在晚清工业化道路上恰如一颗耀眼的流星，给人耳目一新的感觉。就马吉森的实业经验而言，对今人来说，不乏诸多借鉴，如紧随时代发展潮流，吸收和借鉴国内外先进的生产经验，引进大机器生产，引进股份制新理念，并付诸实践，走出了一条创新发展之路；科学管理，注重安全；薄利广销，注重企业信誉；等等。

"人怕出名猪怕壮。"这句老话还真概括了中国人害怕出名的原因，谁一旦发财致富，不仅亲朋故友会云集上门揩油，当地政府以及私欲膨胀的官员们也会把黑手伸向这些巨富者的口袋。马吉森等晚清煤老板们日进斗金的财富故事，最终传到了朝廷的耳朵里，国家财政的匮乏使他们把贪婪的脏手伸向了这个日进斗金的行业。

宣统元年（1909年），为了填补空荡荡的国库，抽取更多的税金，清政府以扩大再生产的名义，以竞标的方式在全国范围内“招商引资”，并划出更大的范围，开发六河沟新煤矿。

清廷贴出告示后，全国上下震动。对于马吉森来说，更是悲愤交加，自己辛辛苦苦创办的煤矿，现在官府一纸令状就要拱手让出，他心有不甘，但面对腐败的朝廷，一介商人又能如何，只有想尽方法竞标成功，继续自己实业救国的梦想。清廷为了在短时间内获取巨额利益，规定这次竞标只能用现银竞标。消息传出之后，各地民间实业家踊跃参加，日本、法国、英国和美国的一些投机商人也蠢蠢欲动，迫切想吃到这块肥肉。但清政府规定只对中国商人开放竞标，那些一心想攫取煤矿利益的洋商们便想方设法寻找中方的合作伙伴。

一时间，不同背景的投资者纷至沓来，惨烈的竞标大战不可避免地进入了白热化，谁能摘得“标王”难以预测。

其间一个名叫周益的安阳富商引起了人们的注意，他四处活动，上蹿下跳，一掷千金，势在必得。他不同寻常的反常举动，引起了人们的警觉，后来终于水落石出，原来真正隐藏在其身后的大老板是英国商人查尔。得知真相的马吉森愤然而起，为了维护民族利益，为了保住自己一手创办的企业不落入洋人之手，他决定就算是倾家荡产也不能让洋人的阴谋得逞。

竞标需要巨额白银，一时间从哪里弄这么多现款？马吉森一筹莫展。此时他想起了自己的妹妹马青霞。马青霞此时已是尉氏首富刘耀德的妻子，掌管着庞大的刘氏产业。当马吉森向妹妹提出援助要求时，满怀豪情的马青霞毫不犹豫，慷慨解囊，支持哥哥的爱国壮举，一下子提出100万两现银交给哥哥。最终，马吉森以180万两白银高价中标，夺得了六河沟新煤矿的开发权，英国人看到无利可图，只得铩羽而归。

消息传来，国人为之振奋，于是，“长了国人的志气，灭了洋人的威风”的美誉，成了开明商人马吉森最显赫的标签。

六河沟煤矿是马氏家族实业救国的典型，也是马吉森在近代民族工业发展史上留下的最值得大书特书的业绩。其实在晚清至民国初期，马氏家族其他成员在开矿兴办实业方面还有不少值得书写的内容，实业救国是马氏家族在近代书写的辉煌典范，代表着马氏家族从读书做官的老路向实业救国道路的转变。

时利和煤矿，是马吉森出资开采的第一个煤矿，也是马家第一个实业。1912年马吉森去世，时利和煤矿转由马家老二马吉樟经营。矿区面积一度扩大到109公顷，该矿产无烟煤，非常适合民用，很受百姓欢迎，一度销售到开封、武汉，马家也因此获得很好的经济效益，“营业颇为发达”。

信城煤矿公司，是马吉森于光绪三十三年（1907年）创办。

此外马丕瑶的三儿子马吉梅，民国以后积极投身煤矿开采，续写马氏家族实业救国的篇章。作为安阳县议员，他在当地颇有名气，先后创办了大中、大生、固城煤矿公司，自任经理。如大生煤矿，地址在安阳三家湾，矿区占地面积453亩，1918年注册；固城煤矿公司，1926年创办，地址在鹤壁马家岭，矿区面积达18公顷，年产煤15000吨；1920年马吉梅还在安阳河西村、倪村先后创办煤矿，矿区面积分别为903亩和598亩。

在创办煤矿的同时，马吉森也开始投资铁矿开采和经营。宣统元年，马吉森参与了河南修武县凤凰岭铁矿的开发。他们参照湖北大冶炼钢厂的方法，试办铁厂。为了保证铁矿资金正常运转，河南绅士组成了矿务研究会，向各州县招募股金，马吉森认股10万元，矿务研究会后改名为河南宏豫铁矿股份有限公司，由马吉森出面和英商洽谈，购买英国最新炼铁机器。正是在马吉森的大力支持下，修武铁矿得到了很大发展。

马吉森开办煤矿和铁矿的实业活动，以及马氏家族其他成员的办矿壮举，尽管与当时的社会环境密不可分，但都离不开马丕瑶对其开放式教育和不拘泥于读书做官这一发展道路的教导，更是马丕瑶实业救国思想的继承和发展。

二、创办广益纱厂

徜徉在古都安阳的大街小巷，给人感觉最深的是这座具有几千年文明的都城，古的成分很少。这或许就是河南历史的一大特色，历史很悠久，文明很古老，但能体现古老文明的有形建筑却很少。这与中原自古以来的历史发展特点密切相关，许多代表性的古建筑都消失在天灾人祸的洪流中。

然而在安阳的一座现代化工厂——豫北棉纺织有限公司，却保存着一组晚清民国时期的建筑群。这些建筑的历史也有百余年之久，这就是晚清在全国卓有影响的广益纱厂。该建筑群是广益纱厂原来的办公区域，占地面积12000平方米，现存建筑有办公楼、会议室、东西厢房等。办公室为二层西式砖木混筑楼房，带前廊。墙体为青砖砌墙，门窗均为拱券形式，内置木地板、木楼梯。二层楼顶有双坡瓦屋顶式，屋顶有拔气孔；会议室为四周带廊建筑，攒尖顶，顶端有尖塔，造型新颖；东西厢房主要为硬山灰瓦顶建筑，拱形门窗。该建筑群中西合璧，具有典型的民国时代风格。

1903年，广益纱厂诞生了。

光绪二十七年（1901年）的一天，马氏庄园的当家人马吉森一行十几人来到位于河南彰德府西北角5华里的一个地方。他们当中，有清吏部尚书孙家鼐的委托人徐仙洲、彰德府知府郑之圆、上海会星机械厂厂主徐福寿等，这群人不简单，既有朝廷官员，也有经商的资本家。他们来到彰德府不是游山玩水，也不是凭吊千年古都，而是在彰德府选址办纱厂。

广益纱厂的发起人可不是一般的人物，他叫孙家鼐，安徽寿县人。在晚清政坛上，他可是一个赫赫有名的人物。咸丰九年（1859年）他高中一甲一名进士，成为该年进士科考试的状元；光绪四年，他受命在毓庆宫行走，与翁同龢授读光绪皇帝，成为光绪皇帝的老师。后累迁内阁学士、工部侍郎。1895年甲午海战失败，清廷被迫与日本签署了丧权辱国的《马关条约》，引起朝野震惊，他的思想也发生了根本性转变，从一个守旧派转变为维新派，提出了变法自强的政治主张。在他看来，要振兴中华，就要注重科学，兴办实业，国家欲富强、民族要兴旺首先要开办学堂。他一手创办了中国近代最早的大学——京师大学堂。孙家鼐重科学、兴实业，其所倡导的和亲自筹办的近代新式企业遍布大江南北，其中就有与马吉森合资创办的安阳广益纱厂。可以说，在晚清历史上，孙家鼐既是一个政治家、教育家，还是一个实业家。

在安阳建广益纱厂，是孙家鼐甲午战争后思想转变的具体实践，也是践行他“重科学、兴实业”思想的举措。为什么要在安阳建纱厂？甲午战争后，清政府与日本签订了《马关条约》。依据不平等条约，帝国主义列强可以在中国内地兴办企业，外国商人们在中国办厂的首选地是东南沿海城市和长江沿江城市，这些地方交通发达，人口众多，便于发展。据《中国棉纺织史》记载：甲午战争后，外国列强纷纷在沿海、沿江城市办厂，仅上海就有16万纱锭。外资企业由于技术先进、采用大机器生产，生产的产品主要还是供中国所需，这也成了帝国主义对中国进行大规模经济侵略的手段。外资企业的大规模兴建，外国产品肆虐中国市场，不仅使中国传统的手工业遭到毁灭性打击，也使得刚刚起步的民族工业陷入绝境。

在沿海沿江发达地区，中国的民族工业遭到前所未有的排挤，生存艰难，而在内地，西方列强的势力还未深入，这就为中国民族工业的发展赢得了短暂的喘息机会。加上内地又是近代工业重要的原料生产地和供应地，在这些地方兴办工厂，有一定的优势，可以和外国资本家一决高下，也能在民族危难的夹缝中获得生存的空间。

孙家鼐在安阳建纱厂充分发挥了安阳的有利条件。首先安阳是重要的棉花种植基地，有大量的棉花可供应，原材料充足是最主要的条件。其次，这里地理位置优越，滨洹水，紧挨京汉铁路，交通可谓便利。最后，当时全国电力紧张，而安阳一带煤炭资源丰富，尤其是六河沟煤矿的煤炭可以通过京汉铁路运送到广益纱厂，通过火力发电，解决用电紧张问题，保证机器的正常运转。

孙家鼐眼光独特到，他看到了安阳所具有的建纱厂的条件。下一步就是寻找合作者。在一个陌生的地方办企业，硬条件固然重要，有资金、有技术当然重要，但软条件如果不具备，地方政府不支持、地方士绅不配合、当地百姓不理解，同样什么事也干不成。孙家鼐深知其中的要害，他首先要做的就是寻找地方合作者。而这样的合作者必须具备一定的条件，第一理念上一致，对兴办实业有共同的志向；第二在当地有一定的威望，可以摆平来自地方的各种干扰；第三是有一定的经济基础。当然最重要的还是要有爱国情怀。

孙家鼐周览安阳名流，马吉森是不二选择。首先马家在当地的政治地位无人能及，前有老巡抚马丕瑶"百官楷模"的金字招牌，后有马家老二马吉樟当朝为官，身居朝廷要职，为皇帝侍读、侍讲，是皇帝身边的红人，这样的政治条件在安阳无人可比，如果马吉森能出来振臂一呼，办纱厂的政治障碍荡然无存。其次，马吉森继承了父亲马丕瑶实业救国的思想，也正是从甲午战争后，马家的理念发生了重大变化，从读书做官的传统道路转向实业兴家，而且马吉森也开始涉足实业，六河沟煤矿的创办就是典型。

经过再三权衡，孙家鼐首先选择的合作对象就是马吉森。经过多次联络磋商，终于达成合资兴建广益纱厂的协议。广益纱厂主要由孙家鼐、马吉森等三人投资，资金200万元，由徐仙洲总办。建厂初期，广益纱厂进展并不顺利，由于纱厂总办徐仙洲等人不懂技术也不善经营，事情繁杂难以周详，纱厂所需的全套设备都要从沿海内运，许多资料也是高价从外

马吉樟

商手中购买，花费巨大。经过两年的建设，广益纱厂终于在1903年建成生产，纱厂初期的规模还是相当令人振奋的，引进的近代纺织机械是当时最先进的，从最初的2500枚纱锭，一年之后就达到22344锭，工人2000余人，纱厂占地330亩，厂房2724间。

广益纱厂，是晚清河南最早、规模最大的机器纱厂，居全国民族资本纺纱厂第六位。最令人惊讶的是，在晚清这样的社会环境下，尤其是在河南保守封闭落后的环境下，能兴建起如此壮观的新式工业，实属不易。

1903年广益纱厂开工后，由于洋货倾销，国货受制，加上管理不善，纱厂连连赔累，1908年不得不歇业。后经清政府批准，以全厂房屋和设备做抵押，向大清银行贷白银30万两，重新开工。

民国以后，随着当初创办者孙家鼐、马吉森等人的去世，广益纱厂在发展历程上也经历了不少波折，但它顽强地生存下来，这才有了今日安阳的豫北棉纺织有限责任公司。广益纱厂在百年历史发展中，经历了初创时期的艰辛，战乱年代的凋敝，以及新中国成立以后的新生。百年历史，几易其名，1903年的广益纱厂→1928年豫新纱厂→1950年豫北纺织厂→2000年河南豫北纺织有限责任公司。人们不会忘记创业者的贡献，尤其是创办者的功绩。

在今日，豫北纺织有限责任公司的大院里还保留的那组建筑群，它们是豫北纺织人牢记历史的见证。

第二节　秉父志巾帼担当

在马丕瑶的子女中，能够秉承父志光宗耀祖的，除了马家几个儿子，还有马家的几个女儿，她们也以各自的方式继承马氏家风，为马氏家族增光添彩。马丕瑶的7个孩子，各自走上了不同的人生轨道，在不同的岗位上做出了自己的成就。

马家的男儿郎，从小就秉承父亲的教诲，辛辛苦苦读书，老老实实做人，或读书中举，为国效力，青史留名；或诚实守信兴实业，服务地方，博得乡贤美名。马吉森，虽然没有像父亲一样，通过科举入仕为官、为国尽忠，但他洞察时局变化，在晚清重科技、兴实业的浪潮中，站立潮头，做了一个时代的弄潮儿，开矿办厂，造福乡梓，为河南近代工业的发展做出表率；马吉樟，天资聪慧，用心读书，没有辜负父亲的厚望，一举考取进士，成为马家第二个进士，像父亲一样在仕途上平步青云，为官恪尽职守，思想开放豁达，尤其在教育近代化上有卓著表现；马吉梅、马吉枢，虽然没有在事业上有突出表现，但作为地方贤达，也是尽自己微薄之力，造福乡里。

在封建时代，荣耀门楣都是男人应该承担的责任，精于女工、相夫教子、孝敬公婆才是对女人的基本要求，女人能为国家、对社会做出多大贡献，社会没有过多的期望。

然而马丕瑶的小女儿马青霞深受马家家风影响，办义学，办义庄，办女校，办工厂，成为了真正的“巾帼英雄”。

在当今中国各地，留存有很多名人故居。在这些大家族的历史陈留物中，很少有出嫁女儿的介绍。正如现在的马氏庄园，从财产的隶属关系上，是分属于马家四个儿子的财产，出嫁的女儿在这个大院里不会再有属于她的东西。

当代著名作家格致在《女人没有故乡——写在萧红先生诞辰百年》一文中这样写道：

> 女人是没有故乡的。其实故乡也不承认女人。我们家的祖坟里，是没有我的位置的。我们家的家谱上，也不会有我的名字。我们家的财产没有我的份额。我回家，我是且，是客人。客人是必须得走的。这里不是你的家。仅仅是出生地，然后你要离开。故乡在你离开后，就完全地把你除名了。[①]

在出嫁的那一天，她能带走的除了嫁妆，还有就是在这个庄园里所接受的教育，既有知识教育，也有家风教育，而能够影响她后半生的当

---

① 格致：《女人没有故乡——写在萧红先生诞辰百年》，《文艺争鸣》2011年第5期。

然还是家风的熏陶。家风熏染，已经融入了她的血液里、品格中，也是她唯一能从娘家继承的遗产。

马青霞，马家的小女儿。1877年出生在马氏庄园。她出生时，父亲马丕瑶已经47岁，几近半百。他对这个小女儿疼爱有加。马青霞从出生一直到18岁出嫁，很少离开马氏庄园。父亲虽长期不在家，但对她的教育一刻也没有放松，督促她学习的是几个哥哥，尤其是大哥马吉森、二哥马吉樟，她从小就和几个哥哥感情颇深。尽管他们是同父异母兄妹，却也没有丝毫隔阂。

马青霞从小就深受家风熏陶，尤其是马家重视教育、提倡实业救国的家风深深影响了她，对她以后的人生道路产生了重要影响。光绪二十年，年仅18岁的马青霞嫁入中原豪门尉氏首富刘家。也正是从嫁入刘家开始，马青霞开启了她辉煌的人生。

马青霞嫁入刘家后，慢慢成为刘家商业帝国的掌门人。受家风的影响，他对父兄兴实业的壮举深以为豪，在刘氏家族，她也像父兄一样，积极投身到实业活动中来，为中原大地的百姓谋求更多实惠。

民国初年，马青霞怀着满腔热情投身国家复兴的事业中来，为了响应孙中山实业兴邦的号召，她曾亲赴上海求见孙中山，要求捐出自己所有家产，支持孙中山。捐资助国没有实现，但她作为一个热心国事的革命者的情怀感染了人们。她的热情和心愿因为民国初年的时局变化无法实现，自己也险身陷囹圄。

在民国初年一系列政治风云之后，马青霞回到家乡尉氏，开始把工作重心转移到开启民智、开展平民教育、兴办民族工业等事情上来。有人说

马青霞

马青霞积极兴办实业是为了振兴民族工业，使中华民族自强于民族之林，这种评价有点儿高，也许马青霞并没有这样的认识高度。但有一点是肯定的，她在尉氏兴办一些工厂，是以慈善为主要目的的。她通过兴办工厂，为当地的穷苦百姓创造一个能自食其力的生活出路。

1917年2月，经过长时间筹备，马青霞在尉氏县城创办了一家女子工厂，取名叫“平民工艺厂”。马青霞为了办这个工厂，初定出资30000元，厂址设在尉氏县西门内。这是一个纱厂，为了办好这个纱厂，马青霞来到上海，在好朋友王文典、赵镜清的引荐下到上海中华新布厂参观。纱厂是关系国计民生的企业，办好这样的工厂，一则可以解决当地富余劳动力问题，为百姓找到谋生的路子，二则可以解决百姓生活所需。这样的工厂正是河南所缺的，因此马青霞决定引入纱厂，并在上海购买了棉纱、织布机等运回尉氏。“平民工艺厂”招的工人都是女工，在民国时期，在河南办这样一个招收大量女工的工厂，不得不说她为促进女性的经济独立和解决她们家庭经济问题立下了汗马功劳。

在兴办“平民工艺厂”的同时，马青霞又于4月在尉氏县开办了另一个工厂，这是专门为解决生活困难的平民所建立的带有慈善性质的工厂，名字叫“平民工厂”。马青霞专门拿出50000元大洋作为开办经费。对于马青霞捐资兴办公益工厂，发展和壮大民族工业的壮举，当时尉氏县县长给予了很高的评价，说她：“教子有方，急公好义，捐资兴办工厂，实属贤德可嘉，义善勇也。”开封《大梁日报》也在1917年4月24日以《刘女士热心公益》[①]为题报道了她的事迹，称赞她“女界中诚所罕见”。

---

① 在中国传统社会，女性一旦出嫁，基本不再使用原来的姓氏，有改姓夫家的。马青霞嫁入刘家后，改姓刘。故而时人称她为“刘青霞”或“刘马青霞”。为方便本书叙述，我们仍以马青霞称之。

第七章

新式教育谱新章

马丕瑶从一个平民的孩子，通过学习一步步登上人生的巅峰，成为当朝一品大员。这样的政治礼遇，全凭个人的努力。自己之所以能有人生的光环，与教育有很大关系。所以马丕瑶不论在何地做官，对当地的教育都十分重视，同时对自己子女的教育一刻也没有放松。

马丕瑶的子女，从小就受到良好的教育，受到马氏家风家训的影响。面对晚清的国运不济，他们感到，要改变国家积贫积弱的局面，开启民智是重要的一环。为了让更多的民众接受新时代的洗礼，创办新式学堂、引入新式教育理念成为马氏兄妹的共同追求。在河南近代历史上，新式教育的引进和新式学校的创办，马氏家族功不可没。

第一节　新式书局启民智

马丕瑶为政三十多年，在教育上他倾注心血颇多。他深知中国之所以落后，之所以国运不济，惨遭西方列强的荼毒，最根本的还是教育不发达，受教育的人太少，国民的文化教育水平太低。尤其是他到两广担任巡抚以后，更是感受到西方科技发达对国家的影响，因此每到一地，他都会非常关注地方教育，尤其对新式学堂的创办倾注了极大心血。

1889年，马丕瑶调任广西巡抚，面对“素称瘠苦”“俗悍民贫”的广西，马丕瑶认为非教养并施不能挽回“弊习”。为了提高广西的人文素质，他上奏光绪皇帝，请求在广西省城开办书局，开办书局的目的“以培本源”。也就是只有教化民众，破除旧习，培育新的社会风气，发展经济，增强国家力量，才能巩固大清王朝的统治。1890年，他在广西省城桂林原秀峰书院的西侧建立新的官办书局——桂垣书局。桂垣书局，又叫桂林书局，是广西全省最早的官办书局。桂垣书局为三进五间，格局依次为书局、读书楼和藏书楼。尤其是在独秀峰设立的桂垣书局藏书楼，是当时桂林教育和文化最集中的地方，地处桂林中心，环境优雅，非常适合读书学习。

有了书局，没有图书该怎么办？广西地处边陲，文化落后，印书业滞后，学习所需图书须从其他发达地方购入。为此马丕瑶把目光瞄向文化较为发达的江苏、浙江、广东、湖南、湖北和四川六省，希望朝廷下旨将六省书局刊印的书籍赠予广西，以提高广西的文化教育水平。光绪皇帝非常赏识马丕瑶的远见卓识，称他“教育之心，不分畛域之见”①。在马丕瑶的努力下，六省积极支持马丕瑶的倡议，各地将所刊书籍运往广西，两江总督送书32种，江苏巡抚送书65种，湖北巡抚送书173种，湖南巡抚送书16种，浙江巡抚送书20种，广东巡抚送书67种，等等。

马丕瑶对教育的重视，在于他看到教育对社会发展的重要性，他希望通过创设书局，能让更多的“士子穷经励志，化弇陋为鸿博，胥成有用之才”。马丕瑶不仅在省城创设新式书局，征集大量图书，还在各地建造藏书楼，满足广西学子的学习要求。

除了征集图书，马丕瑶还自行刊印了一批图书，这些图书都是经过他精挑细选的，当然主要还是经、史、子、集善本。这些图书，除桂垣书局藏书楼收藏一部分外，都分发到浔州、柳州、梧州、南宁、太平、泗城和百色等地，以供百姓阅读。

马丕瑶创办桂垣书局和刊印书籍，主观上还是为了教化民众，“正人

① 《光绪朝东华录》，中华书局，1994年。

心”“维世道”，但客观上所起的作用也是很大的。作为晚清官办的地方书局，对推动广西近代文化事业的发展起到了不可磨灭的作用，尤其对近代广西人才的培养，也许只有到民国以后它的作用才体现出来。

到两广以后，马丕瑶的思想发生了巨大变化，洋务思想、实业救国的思想开始发酵，不论是他开办机坊，还是力主兴商，以及倡导制造业改革，都是他洞察时局变化的具体表现。在他看来，所有这些的根本还是教育，培养适合时代要求的新式人才。

马丕瑶对新式教育的重视，对国家急需人才的渴望，在他为各地教育机构题写的楹联、题词中均能反映出来，我们在本书第三章第四节中已经展示了一些，现在再摘录几则，再次欣赏这位晚清巡抚对教育的重视和对人才培育的渴望。

永济养正书屋楹联：

贤损其志，愚益其过，非好好读书，富贵岂为子孙福；

业精于勤，行成于思，果真真进学，孩童即是颜孟徒。

宾州书局匾额及楹联：

化起清风。

据邕管上游固结民心端士习；

为粤疆沃土厚培风俗起人才。

柳州书局楹联：

到此方知右江雄，愿吾民兴让兴仁，庶常见云静黔波，风清岭峤；

诸生幸得百城拥，从这里希贤希圣，更不徒去华直节，子厚文章。

从这些书院楹联中，我们不难看出马丕瑶对教育、对人才的渴望。

第二节 倾力兴办豫学堂

马丕瑶重视教育，力倡西学，尤其重视新式教育在人才培养方面的作用。虽然在担任两广巡抚期间，他的宏愿没有得到真正实现，但他的思想深深影响了他的子女们，他们秉承父亲的遗训，在中国近代教育发展史上写下了浓墨重彩的一章。

在创办新式学堂、培养新式人才方面，马吉樟、马青霞兄妹走在了马氏家族的前头，最值得后人称道的还是创办北京豫学堂。

马吉樟（1859—1931），字积生，号子诚，晚年号坚壮翁。光绪五年中举，光绪九年考取进士，选为庶吉士。曾任清末翰林院编修、国史馆协修、会典馆总校、侍讲、侍读、日讲起居注官和湖北按察使等职。他久居朝廷中枢，是光绪、慈禧身边的红人。马吉樟虽为清末进士，但他并不守旧，思想敏锐，学问精深，对当时的时局颇有想法，用今天的话讲就是能与时俱进。

光绪三十一年（1905年），在中国近代史上发生了一件重大的历史事件，科举取士制度被下诏宣布即将要废除。

1905年9月2日，光绪皇帝颁布上谕："自丙午科为始，所有乡、会试一律停止，各省岁、科考试，亦即停止。"[①]短短的25个字就让延续了一千三百年的科举制度结束了。

就在光绪发布上谕五天以后，上海《时报》发文，盛赞废除科举是"革千年沉痼之积弊，新四海臣民之视听，驱天下人士使各奋其精神才力，咸出于有用之途，所以作人才而兴中国者，其在斯乎"[②]。随后，传教士林乐知在《万国公报》发表评论："停废科举一事，直取汉唐以后腐败全国之根株，而一朝断绝之，其影响之大，于将来中国前途当有可惊可骇之奇效。"[③]

"科举之制始于隋，盛于唐，经宋、元、明、清，至清末方废除。"隋唐是肇始期，两宋臻于完善，科举制度的黄金时代到来了。取士不问家世，一切以程文为去留，分科取士以进士科为主，制度齐备，充分体现了科举的公平合理精神。

随着历史的发展，尤其是鸦片战争后，清政府内忧外患日益加深，特别是1895年甲午战争的失败，丧权辱国的《马关条约》的签订，使许多有志之士把中国落后挨打的原因归咎于科举制度。像维新派领袖康有为，

① 《光绪朝东华录》（四），中华书局，1958年。

② 《时报》1905年9月7日。

③ 〔美〕林乐知：《中国教育之前途》，《万国公报》第39册，华文书局影印本。

痛斥科举使国人闭塞愚盲。过去闭关自守，愚弄国之百姓，尚可天下太平；如今海道大开，万国交通，竞逐富强，生死存亡之时，再以科举闭塞民智、窒息人才，亡国灭种，则指日可待。他说："中国之割地败兵也，非他为之，而八股致之也。"国事危急，他提出了兴办新学、废除科举的主张。梁启超更是明确提出："变法之本，在育人才；人才之兴，在开学校；学校之立，在变科举；而一切要其大成，在变官制。"经过甲午战争、戊戌变法、新政立宪，科举制似乎已经到了不得不废的地步。

1905年9月2日，光绪皇帝不得不下诏废除科举。

废科举的目的是立新学，立新学的标志就是建立新式学堂，建立新式学堂的宗旨是接受西式教育，学习现代科学技术和知识，接受科学、民主、自由的新思想。所以1905年废除科举，科场改做学堂，各地新学堂以每年一万所左右的速度增加。

北京首开兴新学之风，率先兴办新学堂，之后这股新风蔓延到全国各地。兴新学是中国现代教育的开端，是中国学习西方现代大学制度的开始。此时，在北京建立了几所国立大学，创办了几所有一定规模的学校，像陆军贵胄学堂、译学馆和高等实业学堂等。但这些学校一般学子是进不去的，如贵胄学堂"专为王公大臣子弟肄武之区，以示优隆而存体制"。可以说废除科举制后所成立的新学堂基本上是为贵族子弟而设立的。

科举废除了，全国各地的学子想通过科举入仕的途径基本断绝，在京城的各地官员为了培养家乡的子弟，也在京城纷纷成立了各种学堂，如畿辅学堂、齐鲁学堂、湘学堂、蜀学堂、闽学堂和江苏学堂等。河南籍在京官员也效仿其他省份的官员，在北京成立豫省旅京学校，即"河南公立旅京豫学堂”。

创建豫学堂的策划者之一就是马吉樟。马吉樟当时任翰林院侍讲、侍读、日讲起居注官，是光绪皇帝身边的谋臣，位高权重，由他出面创办豫学堂在情理之中。创办学堂需要经费，就当时各省在北京创办的学堂来看，要么是由主要官员出资创办，如张之洞创办的畿辅学堂，要么是动员社会力量捐资创办。豫学堂的资金来源主要是后者，由旅京的河南籍官员捐资创办。

为了创办豫学堂，在京的河南籍官员印发了募捐公告分发各处，广泛宣传。马吉樟是主要的策划者，被大家选为监督。筹办豫学堂，需要一大批经费，如果光靠在京官员的个人捐款，无异于杯水车薪，解决不了问题。此时马吉樟想到了自己的小妹马青霞。马青霞是刘耀德的遗孀，作为河南尉氏首富、刘氏商业帝国的掌门人，是最有实力也最有可能捐资助学的。马吉樟很了解自己这个妹妹，她热心公益，钟情教育，这一点我们从马吉樟的《益坚壮斋文稿》之《京师河南中学校沿革记》中可知：

> 本校前称豫学堂，地址即嵩云草堂也。有清光绪三十一年乙巳吉樟承乏日讲起居注官翰林侍读，京师已立蜀、湘、赣学堂，次即豫学堂。吉樟劝募女弟尉氏刘朗斋观察耀德之妻一品诰命夫人马青霞倡捐银三万两，同乡京外官捐三万五千两。

从马吉樟的记载来看，为了筹办豫学堂进行的募捐还是很有成效的，仅马青霞一人就捐了三万两白银。本来马吉樟只想让妹妹捐两万两，想不到妹妹为了支持哥哥的兴学之举，一下子就捐出三万两白银。

这些创办豫学堂的最初经费，除日常开支外都存入钱庄，每年提取利息，用作常年经费。

对于马青霞鼎力捐助豫学堂的壮举，时人给予了很高的评价。1906年12月河南籍留日学生在他们创办的《豫报》第一号上发表了署名“古中原裔”的文章，对马青霞捐三万两银子建豫学堂的事迹进行了报道，文章说：

> 北京创办豫学堂时，又有尉氏县刘宅孀妇马氏，把家中遗产正正三万两捐入豫学堂里，越发叫人佩服。

马青霞捐银三万两开办豫学堂的事迹不仅在北京、在河南影响很大，甚至已经漂洋过海，在日本的豫籍留学生中产生了很大影响，人们为马青霞的高尚行为深深感动。北京豫学堂的成立对河南近代教育事业的重要性不言而喻。

北京豫学堂于光绪三十一年秋季开始招生，录取学生150名，中学生100名，分为两个班，另有一个班为简易师范。在这些学生中，有一部分是旅京河南籍官员的子弟以及客居北京的河南籍学生。

豫学堂不收学费。在开办初期，学校的管理人员，如监督、监学、教务长和庶务长等，均由在京的河南籍官员推选出来。成立初期，袁世凯因是直隶总督，地位较高，捐款也多（一万两银子），被推选为名誉督办，马吉樟被推选为监督，实则就是校长，负责全校的管理工作。

豫学堂的课程代表了那个时代的特点，主要有11门，即经学、修身、国文、历史、地理、博物（含动物、植物、矿物）、格致（即物理、化学）、数学、外文、图画和体操。从这些课程设置我们可以看出，20世纪初，尽管西方的现代教育理念和教育制度已经引入我国，但在中学、西学的选择上，我们还是有所兼顾，不是一味地照搬西学，既有传统的儒家文化如经学、修身、国文、历史等，也有西方教育的内容如动植物、物理、化学、数学、体操等。为了和国际接轨，学堂还开设了英文、日语等外文课，甚至中国人一向比较陌生的教育学、心理学等课程也有开设。在这历史巨变的时代，反映在教育上，便是中与外、新与旧互相交替，既保持了传统文化不中断，又学习了西方现代文明，增长了知识，培养了具有国际视野的现代人才。

北京豫学堂是废科举后河南人办的现代学校，马青霞不惜花费巨资捐资助学，为河南学子的教育出了一份力。北京豫学堂由于办学经费充足，有条件聘请一流的教职员，是当时京城各省所建的新式学堂中最好的。诚如马吉樟所说："校款存在，经费充足，功课整齐，为京师各省私立学堂第一也。"①

正是由于马青霞等人的大力支持，豫学堂才有充足的办学经费并在天子脚下的北京城站住脚。豫学堂成立后，确如当时筹办学堂的创始人所希望的那样，为国家、为河南培养了急需的人才。从有关文献可知，一些人从豫学堂毕业后又出国留学，为我国做出了不朽的贡献，甚至成为某一领域的开拓者。如：

王金吾，河南安阳人。从北京豫学堂毕业后，留学美国，学成回国后在浙江农学院（今浙江大学）农艺系任教，他成为我国早期著名的农学家。

---

① 马吉樟：《京师河南中学校沿革记》，见《益坚壮斋文稿》下。

徐旭生，河南唐河人。1906年考入豫学堂，豫学堂毕业后，又以公费生身份留学法国。1919年学成回国，他担任河南留学欧美预备学校教授，后任北京大学教授、教务长。

据不完全统计，北京豫学堂培养的学生多达2000名，这些人在各个领域做出了杰出的贡献。北京豫学堂扩大了河南省的知名度，也让更多的河南学子走出家门，了解世界，开阔视野。

培养时代需要的学子，这只是马氏兄妹在新式教育征途上走出的第一步，为了国家的未来，需要把更多的优秀学子送到国外去，让他们沐浴世界先进国家的教育春风，接受先进的教育，为国家未来发展积淀更多的人才。为此马氏兄妹东渡日本，考察日本的教育制度。

光绪三十三年（1907年），大批中国学生留学日本，清政府派马吉樟东渡日本，考察政治，管理留学生工作。这次他将寡居在家的小妹马青霞带到了日本，这彻底改变了马青霞的命运，“巾帼英雄”横空出世，她以革命者的身份给马家带来了更大的影响。

从日本回来后，马吉樟从北京南下湖北为官，先后做过湖北武昌盐法道、湖北按察使和湖北提学使。时值清政府选送留美学生，马吉樟深感中国优秀人才的匮乏，所以这次选送留美学生，正切合他对教育的渴望。按照清政府的规定，湖北只能选送8名学生，而报考的学生多达3000人。作为官派留学生，清政府对遴选人员特别严格，如果学生后期不能录取，主持留学生选拔工作的提学使也会受到相应的惩罚，削减俸禄以示惩戒。清政府之所以这样规定，就是严防选拔工作营私舞弊。马吉樟自从日本考察回来后，深知派遣留学生到先进国家学习的重要性，为了

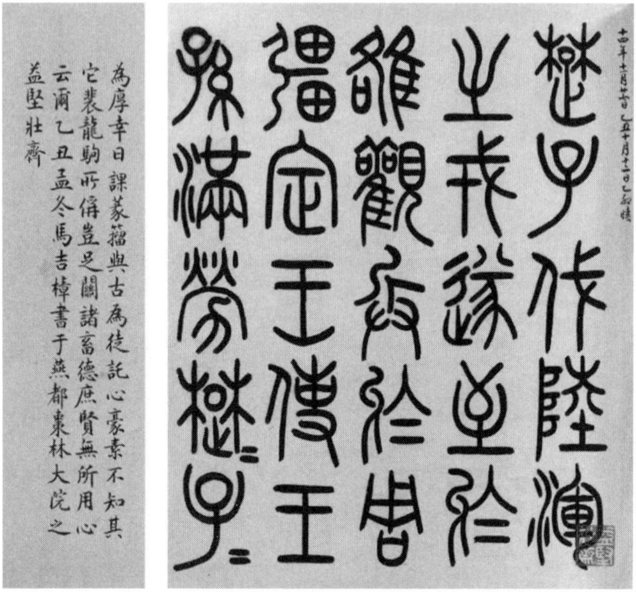

马吉樟手书

选拔优秀人才，给更多的学生留美的机会，他亲力亲为，“入院炯试，逐号谛选，印记六十名”[①]。马吉樟认为政府规定的8个名额太少，一旦这8个学生中出现特殊情况，就没有多余的名额候选，那么湖北就会少一个名额，他最终决定遴选了60名学生。正是马吉樟的远见，为湖北留美学生争取了更多的名额，后来其他省份出现空缺，湖北便及时补上，仅这次留美，湖北就争取了40个名额。从8名到40名，全赖马吉樟的从中斡旋。多年后，当这批留美学生学成归国，每每提起此事，他们还是对马吉樟心存感激。

---

① 民国《续安阳县志》卷十六《人物志·乡宦》。

作为马家第二个进士，马吉樟没有像父亲一样在各地为官，但他凭借自己的能力，在教育立国、培养新式人才上，竭尽所能，同样为马氏家族赢得了赞誉。

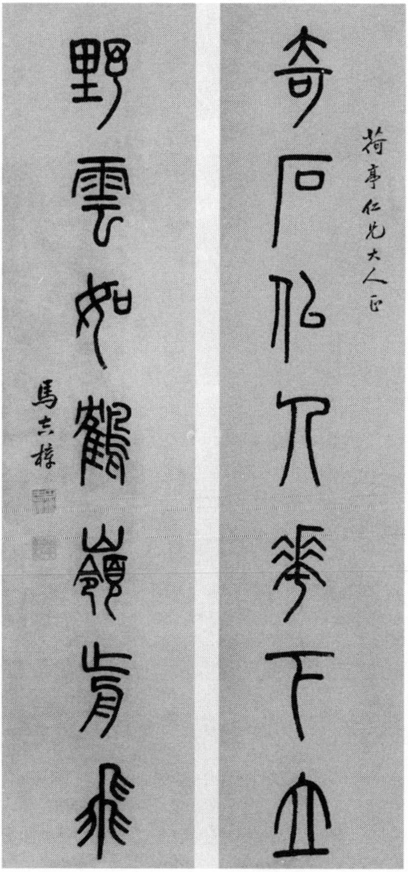

马吉樟手迹

第三节　捐资办学开民智

甲午战争是马氏家族发展的分水岭，马丕瑶的子女们面对国家的现状，继承父亲的遗志，走上了不同的人生道路。马吉森、马吉梅开创马氏家族实业救国的新篇章，马吉樟、马青霞在发展新式教育、捐资办学上成就卓著。不论是办实业还是兴新学，马家儿女们都走在了时代的前列。

在开民智、办新学上，最值得马氏家族骄傲和自豪的是马家小女儿马青霞的所作所为。在近代中国妇女运动史上，马青霞无疑是那个时代的女界代表。政治上，她是同盟会的得力干将，在日本期间，她拿出巨资资助革命刊物，成为革命党人舆论宣传的坚强后盾；辛亥革命期间，她积极参与革命，不仅出资支持革命，而且还身体力行，成为与秋瑾齐名的巾帼英雄；辛亥革命后，她投身民国政治运动，为了支持孙中山实业救国，她亲自前往上海，面见孙中山，愿意捐出自己全部家财；在生命的最后时刻，她顶住各种压力，捐出全部家财用于河南地方教育和建设；她还是一个女性慈善家，在执掌尉氏刘家商业帝国的二十多年间，拿出无数的钱财力行慈善活动。

马青霞，一个民国传奇女性，尤其在创办新式学校，开启民智，教育救国上留下了让人们赞叹不已的功绩。不论在北京，还是在河南，在近代教育史上，都留下了她的足迹。

一、创办新式完小和职业学校

在马青霞创建新式学校之前，就已经开始了资助办学的壮举，不过那时候的捐资助学还属于传统意义上的助学性质，就如同马家创办的义学一样，完全是慈善性质的。1901年，马青霞出资四万两白银，在尉氏县刘氏故居重建祠堂，在祠堂里附设义学，凡是刘氏子弟都可以免费入学就读。很显然，马青霞重修祠堂、创设义学，受到了马氏家风的影响，形式上是父亲马丕瑶推崇的范仲淹义庄模式的延续，她只是把马家的做法搬到了刘家。

1905年，科举废除，新式教育、新式学校成为教育界的共识。捐资北京豫学堂，让马青霞眼界大开，于是她也在家乡率先开办新式学校。

1905年9月尉氏县立第一完全学校成立。这是一所新式学校，是在清末新政浪潮下尉氏县建立的第一所新式学堂。

尉氏县立第一完全学校，是在扩充尉氏县原有的蓬池书院的基础上创办的新学堂。光绪三十一年（1905年），马青霞以儿子刘鼎元的名义捐田地400余亩，折合时银达7200多两，捐现银3000两，将蓬池书院改造成高等小学堂，改造校舍，延请教员，作为培养新式人才的基地。1906年将高等小学堂改为县立第一完全小学校。

尉氏县第一所新式学校建立后，在尉氏县引起了极大的反响，许多人并不清楚幕后的出资人是谁，只知道这是河南首富刘家捐资兴办的，于是一些厚颜无耻的刘家人开始了卑鄙的邀功请赏。马青霞虽然捐资创办了尉氏县第一所新式学校，但她毕竟是女流之辈，在传统思想的束缚下，这样的造福乡梓的功劳是不能记在她的头上的，年仅3岁的儿子刘鼎元成为名义上的捐助者。正因为马青霞是女流之辈，当新学堂建立起来后，一些本来就对马青霞一家的资产垂涎三尺的刘氏族人又不失时机出来捞取名誉。当时刘氏家族有一个叫刘錤德的族人，看到马青霞捐资兴办了新式小学堂，就厚颜无耻出来邀功，他向当时的地方官上书，恳请官方应该奖励助学有功之人，在他的《尉氏县请县绅资兴学恳乞奏奖以昭激劝禀》中，把马青霞捐资兴办新式学堂的功劳全部记在刘氏家族身上，记在他的身上，自吹“笃念梓桑，热心兴学，慨捐银地并拨移巨款至一万两以上”，目的是“将刘錤德由同知衔候选县丞，奏奖免选本班以知县遇缺先选用”。

马青霞对族人的这种卑劣行径实在看不下去，但在那个社会，也只能忍气吞声，毫无办法。好在她并不计较个人得失，创办了一个又一个新式学校。

1907年，马吉樟作为大清官员被派往日本考察日本教育并管理中国留日学生。趁此机会，马吉樟写信给远在河南尉氏的妹妹马青霞，希望她能随自己一同出国，一则散散心，二则了解一下国外的情况，改变马青霞对人生的看法，三则也是马吉樟对自己的这个妹妹的感谢，感谢在筹办豫学堂过程中她的鼎力支持。

马青霞也希望出去开阔眼界，1907年她带着年幼的儿子随哥哥一同前往日本。在日本将近一年的时间里，马青霞的人生观发生了重大变化。在同孙中山、黄兴等人的接触中，她从一个大清顺民走上了反清的道路，成为一个革命者。新思想开启了她新的人生，她知道了国家要想富强，培养新式人才是目前最要紧的任务。回国后，她将在日本学习到的教育理念落实到实处，不遗余力地创办新式学校。

1908年初，马青霞从日本回到尉氏后，就开始针对尉氏县的农林生产特点创办相关的学校，她考察了尉氏的农业特点，认为养殖业是一个有一定发展前途的产业，可以帮助乡民获得财富，还可以带动一方的实业兴办，最后她把落脚点放在养殖桑蚕上。

在考察项目后，她就开始办桑园，占地30多亩，购置桑树万株种植在桑园里。养殖桑蚕是一项要求有一定技术的工作，为此1910年她向政府提出申请，创办乙种桑蚕学校，地址就设在尉氏县原蓬池书院旧址，延请师资，招收学员，专门培养桑蚕养殖和丝蚕职业的专门人才。乙种桑蚕学校因是马青霞创办，办学经费也主要由马青霞负责，后来改为官办，又变成半官办，到1923年停办。

乙种桑蚕学校是马青霞考察日本教育后在尉氏县创办的第一所专门学校，类似于现在的职业技术学校，为当地桑蚕业的发展做出了贡献。

二、捐资中州公学和中州女学堂

光绪三十二年（1906年），河南省最早的新学堂——中州公学在开封原明道书院的旧址成立，创办者是当时河南教育总会会长李时灿。中州公学是清末废科举后河南创办最早的新学堂，主要是学习法政，开设的科目主要有本国律例、政治学、行政法、民法、刑法、警察学和监狱学等，学员年龄在23岁到40岁之间，学费是每人每学期14银圆，伙食费每人每月4银圆。

筹办这样的新式学堂，主要经费来自河南各地乡绅的捐款。1907年身在日本留学的马青霞听说河南筹办新学堂中州公学，她特地给中州公学筹办方去函一封，表达自己积极支持筹办这样的新式学校的意愿，同时为了表达自己的心意，特地捐款1000两白银，这是马青霞第一次给中州公学捐款。

1908年马青霞从日本回国后，继续关注和支持中州公学。1909年她再次向中州公学捐款1000两白银。捐款支持中州公学，除了这所学校是新式学校，进行的是新式教育，和马青霞的教育救国理念相吻合，还因为是这所学校“是同盟会在河南的一个机关”，是同盟会的秘密据点，是革命摇篮，作为同盟会会员的马青霞有着义不容辞的责任。

在资助中州公学的同时，马青霞对女性教育尤为关注，她开始把投资教育的基地放在省会开封，决心办更多的新式学校、新式女校，为家乡培养更多的人才。在日本的所见所闻，使她清楚要提高国民的文化素质，占人口几乎一半的女性的教育更应该关注。她认为，提高国民的文化素质应该从母亲的教育开始，家庭教育是一个人最初的教育，母亲在家庭教育中占有举足轻重的地位。因此，女学之兴关乎国家的兴衰，也关系到国家之存亡。马青霞的这些认识，无不得益于她在日本考察教育的结果，她把办教育、办女学作为终生的事业。

1908年，掌管河南教育行政的李时灿在开封租民房创办了河南省第一所女子中等学堂——中州女学堂。由于办学经费短缺，学校一直无法创建。马青霞得知这一情况后，立即拿出3000两银子作为办学经费，有了这一笔款，中州女学堂终于在开封建立起来。

中州女学堂属于师范性质，于1908年4月开学。学校下设师范部有学生60名，附设小学有学生40名。学制均为四年。师范部设有师范、修身、教育、国文、历史、地理、算学、格致（物理、化学等自然科学）、国画、家事、裁缝、手艺、音乐、体操等。小学课程主要有修身、国文、算术、女红、体操、音乐、国画。从中州女学堂的课程设置我们不难看出，既有新式学校教育的内容，也兼顾女学生的性别特点，真正做到了德、智、体、美、劳的兼顾。

中州女学堂是当时河南省最高的女性教育的学府，对河南省女性教育事业的发展产生了重大影响。

三、独办华英女校

1907年，清政府颁布了《女子师范学堂章程》，把培养女教师作为当务之急。1908年，京师女子师范学堂成立，马青霞毫不犹豫地捐银助学。同时北京女子法政学校成立，马青霞同样慷慨捐资。

马青霞热心教育，对女子教育的钟情，赢得了全省各界的敬仰。捐资助学，对马青霞来说是不够的，她想为家乡的教育做更大的贡献，想为家乡那些女孩子们谋求更大的发展，自己办学，办属于自己的女子学校，才能实现自己更大的抱负。

马青霞在日本游学期间，很重要的一项工作就是协助出版《中国新女界杂志》，宣传女子教育，提倡女性思想解放、身体解放，为女性争取与男性一样的教育权利、工作权利。她加入同盟会以后，更是以极大的热情投入到妇女解放的事业当中。女性教育是她首先考虑的问题。

马青霞从日本回到尉氏以后，开始筹备创办学校，而且是女子学校。宣统元年（1909年）二月，马青霞创办的河南历史上第一所女子私立学校——华英女校在尉氏诞生了。

按照马青霞的设想是在尉氏县另辟一块新的地方，建立华英女校。后来她放弃了另辟新址建校的设想，将尉氏县西门内一处自己的宅院改建成女子小学校，这所宅院就是刘家的南花园。刘家南花园是当时尉氏县城最幽静、最优美的地方，奇花异草、亭榭楼阁、假山流水密布其间，环境优美，非常适合读书。华英女校一共有教室9间，学生餐厅、寝室均在这里，是封闭式的学校，类似我们现在的全日制寄宿学校，这样的条件，在当时应该属于“贵族学校”了。

在校舍准备就绪以后，剩下的就是办学经费、延聘教师和教学计划。马青霞是河南首富，经费自然不成问题。按照办学计划，一年招生50名学生，2名教师，学制四年。开办经费为银子1500两，每年需要支出银子2500两，四年也就是10000两。

华英学校是马青霞创办，她也是实际的掌管者，但名义校长却不是她，而是儿子刘鼎元。在选择教师上，马青霞下了一番功夫，她亲自延聘教师，共聘请了四位女教师和一名男教师，一名管文书的先生。

马青霞聘请的四名女教师，都是她在日本考察期间结识的好友：朱珍吾，湖北人，留日女学生；高山爱子，日本青森县人；另外两位女教师一是无锡的于姓，一是苏州的华姓。聘请日本女教师高山爱子，这可真是开了先河，在一个内地县级小学，竟聘请外国人来任教，也算是当地的一大新闻。马青霞付给高山爱子的费用是每个月50两银子，这在当时应该是高薪了，目的自然是希望高山爱子把日本先进的教育理念带入学校。

聘请的男教师是刘恒泰，他是马青霞的侄孙，也是留日学生。马青霞之所以能走出河南，鼓起勇气出国考察，也是受到刘恒泰的影响。她在日本结识那么多留学生，并加入同盟会，也是受到刘恒泰的影响。

这样的师资队伍能够代表新学方向的，这几个教师的思想比较进步，对世界教育的前瞻有一定了解，由他们来教育学生，马青霞相当满意。

在校舍、资金、教师到位后，学校开始招收学生。1909年2月，开始招收第一届学生。在晚清社会时局下，新式学堂在各地不断涌现，但学生大多数都是男孩子，女孩子入学读书还没有形成风气，更别说专门为女孩子设立的女校了。在一些有钱人家或者官宦人家，女孩子最多读书识字，系统接受新式教育，还是会遇到不少的阻力。很多家长本来就对女孩子读书不太热心，更害怕女孩子读书接受教育以后，思想解放，会变“野”，会学坏，甚至被视为耻辱，所以他们不大情愿让女孩子出来读书，更不愿意让女孩子受新式教育。

为了吸引学生入学读书，马青霞在对外宣传时向家长作了如下保证：来入学读书的学生全部不收学费；学校免费供给膳食；学校免费供给学生书籍、文具和制服。

为了打消一些家长的顾虑，马青霞采取一些办法避免女学生和男性接触。如，厨师不能进入学校，学生饭菜在校外做好，然后在校园东墙打一个洞，并专门制作一个转桶。桶中间以竖板隔开，一半放饭菜，一半放碗筷。厨师做好饭以后，从墙外将饭菜送进来，学生吃完后再将碗筷送出去。这样做今天看来甚是可笑，但在晚清社会，在男女授受不亲的封建社会，很多家长是真的会担心女孩子入校后会和男性接触，因而不愿意送孩子读书。马青霞作为女性，很清楚家长担心什么，她为此煞费苦心。

即便如此，还是没多少人愿意让女孩子到华英女校读书。第一届招了50名学生。除一小部分是各地开明士绅的子女，同盟会同志的支持发挥了很大的作用。马青霞在日本游学期间，结识了不少留学生，很多留日学生是同盟会会员，马青霞和这些留学生既是同志又是朋友，在日本期间，他们就在一起办报刊，宣传革命，宣传女性解放。现在马青霞在家乡办女子学校，他们无条件支持，纷纷把自家的女儿、侄女或者外甥女送到华英学校学习，以实际行动支持马青霞的新学教育。

在这些同盟会同志和朋友中，值得一提的是朱珍吾，她在日本时就是马青霞的好朋友，当马青霞办华英女校的时候，请她出任教师一职，她毫不犹豫地同意，从湖北来到河南尉氏协助马青霞一同办华英女校。为了以实际行动支持华英女校，她还特意将侄女朱景班带到学校。

李锦公，河南商水人，留日学生，同盟会会员。为了支持马青霞的华英女校，他也把自己的妹妹李淡如送到学校读书。

任芝铭，河南新蔡人，留日学生，同盟会会员，为了支持马青霞的华英女校，他把自己的两个女儿任馥坤、任锐送到华英女校读书。

此外还有其他的同盟会会员和留日学生都以实际行动支持马青霞办

学，他们克服种种困难，顶着伦理风险，把孩子送到华英女校读书。

就这样，华英女校第一届开学了，学生都是来自各地的女孩子。为了显示华英女校的不同，马青霞特地规定，凡是入校的女学生首先放足。马青霞提倡新式教育，就是提倡男女平等，提倡身心健康，而缠足是愚昧落后的习俗，自然在废除之列。因此她的这一要求，赢得了女性的欢迎，但也遭到了封建保守势力的诋毁。

华英女校的开办，在中原大地无疑像春天的一声响雷，引起的震动和反响是可想而知的。在这所学校里，马青霞考察各地的实际情况，开设了国文、算术、修身、史地等课程，另外也开设体操、编织、刺绣和桑蚕等课程。在教给学生文化课之外，还有健身课程和适合女孩子以后工作的职业课程，从自强自立的角度教给孩子们有用的东西。

华英女校从1909年开办，到1911年，坚持了三年，前后一共两届，招收的学生共90名。由于各种原因，华英女校没有再坚持下去，但还是为社会、为国家培养了一批女性人才。在以后的岁月里，这些女性活跃在政治、教育舞台上，新的思想给她们的人生带来了翻天覆地的影响。

马青霞在华英女校创办之初，曾满怀信心咏诗一首，以述其志：

莫怜旧时花枝败，但求自由花常开。

愿君不辞劳素手，育得群芳天下栽。

正是在马青霞的努力下，在封建闭塞的中原大地上，一股新风徐徐吹来，她带动了河南新式教育的全面发展，马青霞的功绩值得我们永远缅怀。

结　语

安阳马氏家族的兴衰史，几乎就是一部中国近代史。伴随着近代西方列强的隆隆炮声，一向以“天朝上国”自居的清王朝在西方列强的坚船利炮面前一次次败下阵来。信奉强权政治的西方列强对于屈服于自己的对手，不会那么心慈手软，他们想攫取的利益几乎是全方位的，要把战败国变成自己永久的奴役对象，白花花的银子自然要强取，领土也要霸占，经济大权要控制在自己手里，政治权力更是垂涎已久，总之他们想把自己变成战败国的主人，把战败国变成自己的自留地。

鸦片战争之后，中国就成为列强嘴里的肥肉，吃到嘴里的想方设法吃到更多的肥肉，没有吃到的挖空心思想从中国抢夺一些。面对如此的生存环境，生活在晚清的中国人，心情压抑到了极点，有点良知和爱国情怀的中国人，面对民族危亡，都不会袖手旁观、明哲保身，在他们看来，自己的命运和国家命运联系在一起，都会为国家和民族的未来殚精竭虑，思考挽救危局的良策。

晚清时，中国许多大家族，相较于传统社会中的大家族有了一些变化。在传统社会，读书—做官—再读书—再做官是很多家族保持长盛不衰的法宝，几代人为官，家族几十年、上百年兴旺发达、人才辈出，不乏其例。家族的发展和政治联系非常紧密，家族繁荣和人才辈出休戚相关。但到了近代，时局的变化，改变了家族发展的方向，政治家族已经不是唯一的选择，家族发展的方向发生了巨变。

安阳马氏，兴于马丕瑶，曾出现“一门二进士，三代五俊杰”，因马丕瑶位居广东巡抚而成为晚清安阳望族。1895年是一个分水岭，随着马丕瑶的离世，马丕瑶的子女们根据时代发展的要求，开启了兴办实业、献身教育的道路，并在晚清和民国时期为家族的发展打下了坚实的基础。民国以后，政治的影响改变了家族发展，随着马丕瑶以及子女们的先后离世，家族开始淡出人们的视线，随着人才的凋零和家族财产被充公，马氏家族终于画上了句号。

马氏家族从兴起到兴盛再到衰败，也就是短短几十年。但马氏家族留下的文化遗产却是一笔巨大的财富，不仅对马氏后人立身处世有影响，而且对于今人来说也是大有裨益。

我们从马氏家族发展的历史中汲取养分最多的就是马氏家风。

家训、家风，是中国的传统。每一个家族，不论是大家族还是平民家庭，都有教育子女立身、处事、为人、求学等方面的内容，当然最主要的还是人格教育和品德教育。大家族可能留下一些文字性的家训，供后世子孙照本研读、对照反省，一般家庭可能没有形成文字，却包含在日常的训诫和教育中。所以传承家风不只是名门望族才有，一般家庭也有，只要我们认真梳理，并结合时代要求和个人发展要求，传统家风必然焕发出生机。

马氏家风主要在马丕瑶经过熔炼写就的《约斋铭》里，这个文本也是马氏子孙能日日参照和时刻反省的。在马丕瑶提炼的家训中，核心要素还是传统家训包含的内容：忠孝第一位，孝敬父母，孝敬长辈，进而忠诚国家，这是做人之根本；第二是耕读传家，辛勤耕耘是生存之本，读书明理是发展之基；第三是做事诚实守信，坚持真理，不徇私情；第四求新求变不守旧，与时俱进谋发展，是个人成长的关键；第五是心怀天下贫与苦，除却荣华心坦荡，这是教育子孙要舍小家顾大家。

其实任何一个家族，凭总结几条家风揭示一个家族影响几代人发展的密码，是非常困难的，也是不全面的。在教育子女方面，仅仅罗列几条家训就能教育数代子孙，秉承祖训，光大门楣，是不可想象的。很多时候，家风是长期发展积淀形成的，每一代人都有继承和发展，不可能固守不变。不管社会如何发展，好的家风是不容易被抛弃的，它已经融入子孙的血液里。

我们了解马氏家族，品评马氏家风，但不能复制马氏规范，只要马氏家风中有几点能对我们有所启发，也就足够了。时代在发展，社会在进步，家风在家庭教育中的重要性不言而喻，只要我们重视家风传承，培育良好家风，或许就是我们今天阅读历史上大家族家训家规的意义所在。

附　录

清史稿·马丕瑶传

马丕瑶，河南安阳人。同治元年进士，以知县即用分发山西。巡抚郑敦谨一见器之，辟置幕府。又檄摄平陆县事。至则以孝弟力田慰勉。乡民有构讼者，必委曲开导，俾各知悔悟，辖境大治。

六年，捻逆张总（宗）愚陷吉州，警报达平陆，丕瑶激励绅团严备城守，而躬赴河防，多方抗御，匪不敢犯，城赖以完。巡抚赵长龄上其绩，得旨俟补缺。后以直隶州用，并加运同衔。

客军过境，强市民物，几激变。丕瑶白其帅，戮五人，事遂定，旋补永济县知县。除差钱数万缗。有蠹役为民害者，廉得其状，杖杀之，民困大苏。

所治闻有盗警，即单骑往捕，虽夜中及大风雨雪不避。属地名过村者，素为剧盗薮，获其渠魁填诸法，余党为改行，易名新村。

上源、下阳各村，争滩地械斗，岁以为常，百余年莫能决。丕瑶亲履其地，周视原址，得旧界石于重泉下，讼立解。

十年丁忧。

十三年服阕，仍赴原省，署河东监掣同知。

光绪三年，山西岁大饥，人相食。解州盐枭乘机谋为乱。工部侍郎阎敬铭查赈至晋，知丕瑶多干济才，言于巡抚。曾国荃以署解州，不旬日，捕斩廿余人，众皆骇散。随贷绅民粟十余万石，躬督散放，全活无算。故晋饥虽甚，惟解州民无流亡，田鲜荒者，事毕擢知府并赏加盐运使衔。旋补辽州，仍署解州。

又以土田无鱼鳞册，吏民得因缘为奸，飞洒寄脱，诈伪百出。手定清丈章程数十条，详为图说，匿契未割头印者，许免其税。于是投契及执照以万数千计，悉请于巡抚曾国荃，奏免之。分里清丈积弊一空。

复广劝蚕桑，开设机局，建常平新廒，积谷足支十年，均减蒲绛差徭，筹买晋南耕牛，实以一州而代任数郡之事。

七年，赴辽州本任。

八年，署太原府，寻奉旨补授。例凡首府员缺，以实任知府调补。丕瑶独以候补知府特简异数也。适汾河决，平地水深七八尺。会城当其冲，势岌岌不可保。丕瑶建议修城西金刚堤以捍横流，辟文峪河以泄支流。水有分泄，得不泛滥为患。

总司谳局，平反张白氏冤狱。巡抚张之洞以循良入奏，得旨嘉奖。

十年，升冀宁道。巡抚奎斌保荐循良，奉旨交军机处存记。

十一年，署山西按察使，旋署山西布政使。

十三年二月，授贵州按察使，寻署布政使。

八月，迁广西布政使。广西州县交代，或数任不结。丕瑶至，力除积弊，库款积数十万，向未有也。

十五年八月，授广西巡抚。奏开书局，刊刻经籍并行。取各省局本百余种，分颁各县，俾寒畯得响实学。又举办蚕桑，教民缫织，奏免其税。设机坊二十余处，由是岁增出产五六十万金，以唐臣柳宗元、刘蕡，宋臣赵抃、黄庭坚，国朝于成龙等皆广西名宦，已故大学士陈宏谋为粤儒冠冕，请立专祠。元臣额尔吉纳有功广西，忠节凛然，并请列入祠典，均得旨允行。

十六年，以助赈江浙，赏给头品顶戴。时法越勘界甫定，丕瑶以与他族接壤，非随地置防不可。然张大其事，又恐外人借端阻挠，乃以校阅行伍之时，奏请行边。广西沿边千七百余里，毗连越壤。三关百隘，防不胜防，惟据险凭高，多置炮台，一台足顾数隘，恃有联络，相为应援。龙州为通商总口，镇南关为险路孔道，平南、水口两关，为水陆兼冲。上思厅之吉普领，彬桥河之石山，思陵州之宝盖山，宁明州之饭包岭、伏波岭，凭祥州之白云岭，归顺州之陇邦隘，镇边县之平猛隘等处，尤为西南门户，置炮台二十，所称重戍焉。土司考试，向由土官送，多抑遏不得上达，丕瑶奏请准赴承审之州县及管辖之知府报名照苗童例以广登进。

二十年，授广东巡抚。

二十一年，奉旨查办两广总督李瀚章及将军继格等，参款据实以闻，分别解任夺职。当是时，倭氛甚炽，兵轮十余艘，直犯澎湖。广州一日数警，丕瑶按行海口六门，因险增垒，量测海线，曾列大炮，复于虎门内河道密布铁春木楗，购数十大船，载满巨石，备临时堵口之用；以粤民强悍可任，且习与岛夷往来，知其长技，乃督同绅民，凡沿海十余州县，遍设团练，与防军互为声援。粤人恃以无恐，惟赌风最盛，阐姓外名目尤多，自前任巡抚蒋益澧后，无复有能禁者。丕瑶以纵民为赌，实纵民为盗，奏请一律革除之。其遵旨疏请时务，多系安危，洞明利弊，老成谋国之言。

九月，卒于任。

遗疏入论曰：广东巡抚马丕瑶，由进士即用知县，洊擢道府，简任封圻，宣力有年，克勤厥职，兹闻阖逝，轸惜殊深。加恩着照，巡抚例赐恤任内一切处分，悉予开复应得恤典该衙门，察例具奏。寻赐祭葬。

马丕瑶家族大事记

道光十一年（1831年），马丕瑶出生于安阳县蒋村（今安阳县西蒋村）。

道光二十二年（1842年），11岁时，马丕瑶始入本村私塾就读。

道光二十七年（1847年），16岁，马丕瑶作《游佛光寺见某禅师书一笔勾词感而作此》，诗云："也不学道学模样，也不学名士风流，只愿学耕莘夫钓渭叟。运筹帷幄张子房，鞠躬尽瘁武乡侯，将圣主扶持。群雄扫荡，苍生拯救，做一个旋乾转坤手，然后归隐山丘。"

咸丰元年（1851年），马丕瑶转到麻水学馆，拜郑芸笥先生为师。其间曾问学倭仁、李堂阶。

咸丰七年（1857年），长子马吉森出生。

咸丰八年（1858年），马丕瑶中举。

咸丰九年（1859年），马丕瑶作《南塾养疴》诗："雨夜潇潇梦不成，芭蕉又苦送繁声；触来无限幽情思，孤枕斜倚听到明。"二子马吉樟出生。

同治元年（1862年），马丕瑶进京参加会试科考试，作《同治壬戌止月十二日公车北上前一夕枕上作》："疴养三年强自支，春来旧疾幸痊伊。功名不羡人争早，民物难忘己任迟。射策敢云先国士，请缨端的是男儿。倘邀一旦风云会，好展丹忱步凤池。"以第三甲第二十名中进士，分发山西候补知县。新近发现马丕瑶“会试朱卷”五言八韵试帖诗《赋得千门万户皆春声》：“阳律龠皆应，传声到晓莺。千门看迤逦，万户听分明。庇厦消寒早，迁乔送响清。地原图可就，风若假之鸣。气象三霄敞，宫商一派生。玉笙新按谱，银牖旧题名。泰宇开长乐，元音协太平。宜春卑李咏，帝陛奏咸英。”至太原，山西巡抚郑敦谨“一见器之，辟置幕府，又檄摄平陆县事”。

同治四年（1865年），三子马吉梅出生。

同治五年（1866年），授平陆知县，其间勤政爱民，深受百姓爱戴，都叫他“马青天”。在平陆大堂悬挂“不爱钱，不徇情，我这里空空洞洞；凭国法，凭天理，你何须曲曲弯弯”长联。

同治六年（1867年），捻军首领张宗愚率军占领了与平陆县仅一河之隔的山西吉州兴镇，屡次扑河。为了平陆免遭侵犯，马丕瑶组织绅团民勇严备城防，并亲赴河防，率兵民堵御，昼夜巡防。马丕瑶补缺直隶州，并加运同衔。

同治七年（1868年）春，改任永济县知县。

同治九年（1870年），充任同治庚午科山西乡试统考官。作《庚午晋闱分校毕即事书怀》。

同治十年（1871年）冬月，蒲阪敬敷书院，作《约斋铭》。同年，父亲马天平病逝于永济，回籍丁忧。

同治十一年（1872年），四子马吉枢出生。

同治十三年（1874年），服阕，任平陆县知县兼河东监掣同知。

光绪三年（1877年），整个华北地区发生严重旱灾，饥馑席卷了山西、河南、陕西、直隶、山东等五省，史称“丁戊奇荒”。在受灾五省中，山西最重，而山西又数晋南最重，晋南又数解州最重。工部侍郎阎敬铭查赈至晋，闻马丕瑶多干济才，同巡抚曾国荃商量，命马署解州，加赏盐运使衔。旋补辽州，仍署解州。

小女马青霞出生。

光绪四年（1878年），作《祭关圣祷雨文》：“瑶誓竭此驽诚，改过自新，合州绅耆士庶，从此洗一切恶习。庶几帝君陟降左右之灵，有以消弭大怒。”

光绪五年（1879年）十月，设局在解州开展清丈土地的活动。筹款重修解州书院。

二子马吉樟中举。

光绪六年（1880年）三月，山西大风，禾苗尽毁。饥民交迫，“旱魃奇灾，前代罕观”。马丕瑶作《悯荒》：“赖有同舟济，官民意味亲。天恩三次泽，州属一家人。分合筹全局，城乡洽比邻。诸君须努力，散座桑梓春。”

光绪七年（1881年），补辽州（左权）知州，仍署理解州。

光绪八年（1882年），任太原知府，山西巡抚张之洞感其政绩，上奏朝廷，恳请嘉奖。

十二月初十日，马吉樟由解州返回安阳，准备来年北京会试，时值腊月大雪，马丕瑶作《腊月初十日大雪樟儿由解旋里入都会试作此教之》：“才别汴梁又解梁，河东绕历递安阳。父兄师友资磨砺，险阻艰难要备尝。大雪寒澄清心胆，春风和气入文章。贤豪世业无他术，淡静垂书忆武乡。”

光绪九年（1883年），次子马吉樟参加会试，获二甲第三十七名，中进士，选为翰林院庶吉士。历任翰林院编修、国史馆协修、会典馆总校、侍讲、侍读、日讲起居注官。马家自此显达，“至瑶始发科，戊午登贤书，壬戌成进士，由知县洊擢监司，次子吉樟亦于癸未得庶常，此皆祖宗功德发于一旦”。

光绪十年（1884年），升任冀宁道。光绪皇帝褒奖他“堪为晋省百官之楷模”，并御赐“百官楷模”匾一块。

光绪十一年（1885年）二月初九日，钦点山西按察使。四月，钦点山西布政使。

马丕瑶创建马氏家庙、祠堂、义庄、义塾，依次落成，命马吉栋详定条规，参酌范文正公及清代彭、潘、方诸家成规，悉心厘定成册，名曰《马氏四规》。

九月初七日，作《九月初七日见犹子吉栋闱作》：“千里迢迢寄一篇，篇中火候胜前年。科名天定由文定，有志竟成今果然。”

光绪十三年（1887年）二月二十五日，补授贵州按察使，兼署布政使。

四月，遵旨入京，受到慈禧和光绪两次召见。作《丁亥由晋入觐宿井陉示梅兄楷儿》：“世途那得尽康庄，况复雨余更失常。惟有耐烦心愈定，呼儿险阻要亲尝。紫陌骅骝道路开，欣逢好雨洗红埃。崎岖历尽皆平坦，万里河山供眼来。”

赏假二十日，回原籍修墓。四月十七日出京，五月初一日回到安阳本籍。五月二十日启程，八月十二日抵贵州。出都，经过直隶、河南、陕西、四川及入贵州境。马丕瑶赴贵州途中，路经陕西扶风，寻找马氏族谱。

九月，兼署贵州布政使。

十月初一日，补授广西布政使。

光绪十四年（1888年）正月十二日，抵广西省城，接任广西布政使。

三儿马吉梅由广西回汴梁参加乡试，马丕瑶作《戊子仲夏三儿回汴乡试作此勖之》："汝年二十三，少小性半憨。近今颇开悟，庄游是儿男。随我行万里，历练资饱谙。燕冀豫秦晋，蜀黔及粤南。世路经险阻，人情当苦甘。欣逢良师友，八桂犹芳探。观光旋梁苑，文章静中参。雄秀衡岳仰，汪洋洞庭涵。山川增奇气，学如鸡蹠贪。起居慎饮食，沉默戒妄谈。归亲乡先达，戚党乐且湛。桑梓必恭敬，执雌宗老聃。谦益满招损，纨绔人不堪。场规须详问，妥帖置考量。特遣二力往，善遇多包涵。西铭授图说，天地民物含。每日宜三复，纯醪味醰醰。见大心自泰，宇宙身荷担。入门不由此，成材非杞枏。琅琊竹常报，月华印清潭。"

光绪十五年（1889年）八月，任广西巡抚。任内还兼兵部侍郎和都察院右副都御史。设立官书局，倡办蚕桑，开设机坊，建设育婴堂、栖流所、医药局。

马丕瑶从兄之子马吉福修安阳荡平桥，马丕瑶作《重修安阳县蒋村荡平桥记》：

皇帝御宇之十有五年，丕瑶奉命巡抚广西，越二年，辛卯秋，长子森邮禀来告，曰：安阳西水冶镇珍珠泉东流，为广遂渠，经蒋村南有荡平桥，造自明万历二十六年。我朝顺治迄道光，凡五修。岁久圮坏，今重修葺，巨石为底，楗以木桩，计十一孔桥。面广八尺五寸，长二十丈一尺，易沙石为青石。桥北旧有圆神龛，地隘而途狭，移扩祠宇，开平道路，经画阅八年，修治阅五月，共集钱三千廿缗，工竣剩二百余缗，留办本村社仓。稽核钱款，分监土石圬墁。从兄吉福，族中允达昭信。恒山朱君万年，劳勚尤著。村人从事，亦皆勤慎有加，由是农旅无乘危济险之虞，暑雨有荫暍息肩之所。行者坦步，游者骋怀，峰峦之葱翠，禾稼之铺菜，桑竹之荫翳，禽鱼之翔泳，往来者，耳目一时而新。请为文以记之。予幸桥成，更为进一筹也。蒋村非孔道，贵官黄贯之迹不至，戎马枹鼓之警不闻，民乐耕桑，相安朴素。乾嘉时，连田阡陌，物侈而丰，舍第夸耀，酒食争逐，泰武健户，鲜盖职。庚申地震，丁未洊饥，恒产荡然。少年时尝闻遗老涕泣述往事，犹为扼腕。比年，惩前毖后，父兄教诫，子弟率从，元气渐复。是役也，综理精密，解输慷慨。讵非勤俭成丰乐，富饶生礼义，涵煦于朝廷，数百年教养生据之恩德者，深耶。夫谦益满损，敬吉怠凶，图匮于丰，安不忘危，长久之道也。寄告村人，力田、力学、崇孝友、戒赌博、息争讼、不吃鸦片，即国之良民，家之顺孙。和气洋溢，年谷顺成，永保家室輶轩，采风称为廉让之水、礼教之乡，用副圣天子。黜浮崇实，无党无偏之化，将珠玑胜迹与渔庄墨井圭塘，后渠后先，辉映于行山洹水间，岂第一桥之足记哉？因述颠末，邮寄都门，命次子樟书丹而勒石焉。

光绪十六年（1890年）同僚曹驯为马丕瑶题跋：“安阳蒋村马氏为望族。”

二月，马丕瑶受赏御赐“福”字。

十一月初六日，光绪皇帝感其绩赏头品顶戴。

马丕瑶即以省城桂林秀峰书院西斋为局址，创办了广西最早的官书局——桂垣书局，又叫桂林书局。马丕瑶令广西桂平县知县何寿萱在各乡增设义学。

光绪十七年（1891年）二月初五日，再赏“福”字。

十一月，朝廷赐他头品顶戴。

十二月初七日，上《广西巡抚马丕瑶奏为遵旨饬劝广西各属广设育婴堂情形片》。

光绪十八年（1892年）马丕瑶继母杨氏病故，离任守制。作《致族中长老》：

后世宗法不立，族祠以兴，使知千百人之身，皆源于一人之身。敬祖亲族，孝悌之心油然而生，子子孙孙传之勿替也。吾祖明初由洪洞迁安阳蒋村，五百余年，宗祠未立。先大夫通奉公尝曰：昔范文正公有言，宗族固有亲疏，自祖视之，均是子孙，况先泽发于吾家，尔忝获科名，此即吾家之责，只以生计歉薄，未克有成，赍志以没。呜呼！先大夫往矣，小子丕瑶备员山右，年来迭遭大祲，廉俸所余无几，不获承先人志，愧何可言？然恪守遗训，寝食不忘。兹闻东门祭费有生息钱七百余千，瑶特再捐银二千两，命二侄吉栋、长子吉森赍回协助。夫木本水源，敢邀福报？地灵人杰，贵十允臧。宗祠关合族休咎地基，尤为第一紧要，宜择东西门适中之地，局面宏敞，祭祀、义学均为两便，以之建祠，乃称佳构，仰恳本家族众，念吾辈千百人之身，皆祖宗一人之身，勿分畛域，共建东西门合族宗祠，有钱捐钱，有地捐地，有人用人，不愿者，亦勿相强傥。未能立东西门合族祠堂，即以此款捐入东门，先建本支族祠亦可，但使人人皆存敬祖睦族之心，和祥所钟，福荫绵长，吾族蒸蒸日上，是所望于诸父诸兄及族姓之勇为义举者。

再宗祠之设，为收族计也。瞻族之义阙焉。瑶滋愧矣。夫祖宗之泽，发之于吾。若徒厚蓄以遗子孙，本家之鳏寡孤独颠连无告者，毫不之恤，何以见祖宗、对族众耶？今捐钱九千两，另建本支家庙，奉四代尊亲，拟仿古来义门各庄条例。第初创之时，规难骤定，事无旁讳，特命侄吉栋为庄正，子吉森为庄副，经营筹划，俟经费充余，田至千亩，再请详奏立案，以垂久远。凡义学、义粮、义冢等事，酌仿苏州范氏、常郡王氏、娄县张氏、桐城方氏、武进盛氏、长洲彭氏各庄义田规条次第举行，并以布及。

光绪二十年（1894年）七月，服阕，入都。补授广东巡抚。九月二十六日入京，先后受到慈禧太后和光绪皇帝四次召见。此时正值慈禧太后六十寿辰，慈禧特意为马丕瑶御书“福”“寿”各一方，还赏赐如意一柄、蟒袍一件、尺头二匹等。

光绪二十一年（1895年）正月二十日，马丕瑶到达广东省城上任。二月初二日，御赐“福”字。抵达广州即“奉旨查办两广总督李瀚章及将军继格等参款，据实以闻，分别解任夺职”。

《马关条约》签订的消息传来，他异常悲愤，四月初四作《力阻和议折》：

奏为强寇要盟，权奸挟制，民心不服，宗社攸关，谨筹策，批沥具陈。

伏乞宸纲独断事，窃（臣）阅天津电报局电传，和议已成，计列十款。李鸿章于二十六日回津等语，逖闻之下，惊骇彷徨，罔知所错。伏念李鸿章受国厚恩，前此淮勇之溃逃，海军之覆没，蒙我皇上轸念旧勋，不加诛戮，复令衔命出使，畀以全权，宜如何激发天良力图补救，岂容以敌人要求无厌，转为之挟制朝廷，而置宗庙社稷土地人民于不顾，苟有人心者，断不出此。人谓倭人恃李鸿章为内援，李鸿章恃倭人为外援，由今观之，诚不诬也。（臣）僻守南隅，愤懑不能自已，谨就愚憨所及，为我皇上缕析陈之。

现议款内有日本所得地方悉归日本一条，查上年兵衅既开，背盟内犯，其曲在彼。徒以猝不及防，遂至金、复等州与旅顺、威海等口，相继失守，各该处为燕齐要隘、密迩神京。既曰议和，应将掠过地方悉数归还，况奉属为都门左臂，天津、烟台为口岸咽喉焉，能任其独据上游，搤吭拊背，北洋之险要尽失。此后防无可防，此其万不可允者，一也；台湾久为日本所垂涎，亦为各国所眈视，该省民物繁庶，其乡化急公，涵儒圣泽者，二百余年，我皇上一视同仁，痌瘝怀保，固不忍弃，全台士庶而舍此版图，全台士庶戴高履厚，践土食毛亦断不忍负皇上深恩而甘为夷虏，一旦割归日本，遑论泰西？各国群起纷争，即台南北各属忠义民团，亦必揭竿而起，将与倭人不共戴天，胜负何常，众怒难犯，彼时，必至逼胁中国官员为之经画，其将迁就倭人而驱逐台人乎？抑亦保护台民而再启衅端乎？此其万不可允者，又一也。至辽河以东地方割归日本一条，尤为诞妄无理。夫辽东逼近沈阳，为我国家根本重地，列祖列宗，创业垂统，缔造艰难，尺土不可与人。卧榻岂容酣睡，何况发祥之地，陵寝具在，无论其如何要挟，断不能忍让曲从。今若割以与倭，则南至海滨，北至漠外，任其纵横无忌，而我则门庭自限，跬步不行。昔俄人婪索伊犁，使臣崇厚擅与订约，犹蒙我皇太后、皇上赫然震怒，严加重谴。今以辽东相较，其轻重何止倍蓰？此其万不可允者又一也。至若陆路通商，外洋久已歆羡，其所以求之不得者，徒以民心固结，腹地迂回，未能逞其私志耳。今许于北京、河南、四川、梧州、肇庆添开五口，将来滇黔、关陇、江汉、湖湘，四通八达尽为所据，不日建洋房、开铁路、设领事、练洋兵，倭人倡率于前，各国踵行于后，十余年间，将合中外为一家，各国争肆豪强，而中国独承其弊，坐视民穷财竭，莫可如何，此其万不可允者又一也。以上四条，上自皇太后、皇上，下至廷臣，内外文武百官以及天下士庶，皆知其万无可允之理。倭人盖明知其不可而故意要盟，李鸿章亦明知其不可而代为挟制。是虽和，不和即和，亦不能终和，安用此和议为哉？此次电信到粤，粤人无不怒目裂眦，思食李鸿章、倭人之肉，欲得而甘心焉。想天下之民情，故无不痛心疾首于此议也。伏愿我皇上大怒天威，首以宗社为重，立将现议各款严行拒绝，并援崇厚之例，将李鸿章发交刑狱，特派王大臣严按治罪，俾倭人无消息之可通，无奥援之可恃，则彼之气自夺，而我之气益奋。一面诏饬刘坤一、王文韶、宋庆、依克唐阿、裕禄、李秉衡、唐景崧、刘永福等，严整师旅，速将所失地方，克期收复。一面通饬沿海沿江督抚提镇，将防务切实严备，以遏寇氛。胜则予以不次之赏，不胜则予以不测之罚，其各省民团义旅，准其一律助战，共建奇勋，当必有豪杰之士，应时而出，计以赔款百兆，足敷军粮船械赏犒一切之用，固无待于他求，师直为壮，胜算先操，臣以为断不至如目前之泄沓也。若为兵凶战危，天津、辽阳等处，皆与畿疆切近。我皇上至性仁孝，深恐有惊慈体，拟请饬下，王大臣集议恭奉。

皇太后西巡，避地山右，或驻跸长安，俾各路统兵大员，得以大张挞伐，李鸿章、倭奴亦无所挟制恫吓于其间。夫谦受益满招损，此虞书之兵法也；临事而惧，好谋而成，此《论语》之兵法也。谨慎寄事，此汉诸葛亮之兵法也。自古战事不在于外势之强弱，而判于一心之敬肆。但使我上下中外共常存忧勤惕厉之心，自可收扫荡廓清之效。

国威一阵，众志成城，彼曲我直，彼骄我奋，败者可胜，失者可复，数月以后，事局必变，待倭人变计求和，则操纵在我，不至有伤元气而损国体，庶军务早平，宗社安如磐石亦。

臣愚憨无识，披沥直陈，曷胜悚慄之至？是否有当，伏乞皇上圣鉴。谨奏。

五月，下令广东禁赌。

九月初八，马丕瑶去世，留下遗折，希望皇上“励精图治”。

光绪皇帝闻之悲痛不已，亲自撰祭文称其“性行纯良，才能称职”，并御赐“鞠躬尽瘁”匾以示褒奖，同时诰封马丕瑶为“光禄大夫”和“威武将军”。

论赐祭文：

皇帝论祭病故原任广东巡抚马丕瑶之灵曰：鞠躬尽瘁，臣子之芳踪，赐恤报勤，国家之盛典尔。马丕瑶性行纯良，才能称职，方冀遐龄，忽闻长逝，朕用悼焉。特颁祭葬，以慰幽魂。呜呼！宠赐重垆，庶沐匪躬之报，名垂信史，聿昭不朽之荣。尔如有知，尚克歆享。

十一月，归榇安阳蒋村。

马吉森创办“汤阴县利和煤矿公司”。

光绪二十三年（1897年），马丕瑶之妻李氏病故，光绪帝诏封其为一品诰命夫人。

光绪二十八年（1902年），马吉森创办“西山书院”。

光绪二十九年（1903年），马吉森创办六河沟煤矿。同时创办安阳广益纱厂。

光绪三十年（1904年），马吉樟授翰林院撰文，转侍讲、侍读。

光绪三十一年（1905年），马吉樟倡导创办北京豫学堂，马青霞捐资三万两白银。

光绪三十二年（1906年），马吉森集股成立“六河沟煤矿股份有限公司”。

光绪三十三年（1907年），马吉樟赴日考察学务，马青霞随之前往。

光绪三十四年（1908年），中州女学堂创办，马青霞捐款资助。

宣统元年（1909年），马吉森在妹妹马青霞支持下，筹款180万两白银获得六河沟新煤矿开采权。

马青霞创办河南省第一所私立女校——华英女校。

宣统二年（1910年），马吉樟署湖北提学使，亲自选择留美学生。

1912年，马吉森病故。

1917年，马青霞于尉氏创办“平民公益局”。

1919年，马吉梅将马氏家庙改为蒋村小学。

1922年，马青霞将全部家财捐给政府，用于办学。

1923年，马青霞病逝，享年46岁。

1931年，马吉樟病逝，享年73岁。

参考书目

[1]马吉森、马吉樟编：《马中丞遗集》，《近代中国史料丛刊》第58辑，文海出版社，1973年。

[2]方策修、董作宾：《续安阳县志》，1923年铅印本。

[3]《马村志》编委会：《中国民间文化遗产·马氏文化集》，海南出版社，2010年。

[4]邓叶君：《头品顶戴马丕瑶》，河南文艺出版社，2007年。

[5]韩红英：《马丕瑶家庭教育研究》，河南大学硕士学位论文，2016年。

[6]侯亚宁：《近代安阳马丕瑶家族研究》，郑州大学硕士学位论文，2018年。

[7]张艳丽：《“丁戊奇荒”之际晋南地方官员的善后措施——以解州知州马丕瑶为例》，《晋阳学刊》2005年第6期。

[8]唐凌：《一位不容忽视的洋务思想家——马丕瑶》，《广西师范大学学报》1988年第3期。

[9]赵凤玲：《巾帼英雄，天下为公——女中乡贤刘青霞》，大象出版社，2018年。